APRENDIZAJE

AUTOMATICO

EN PYTHON

Guía completa para principiantes aprende los reinos del aprendizaje automático en Python

Brian Walker

Tabla de Contenidos

Introducción

P ython es uno de los varios lenguajes de programación multiparadigma que mucha gente prefiere. Se puede utilizar para muchos propósitos, facil de interpretar y fácil de entender. Python funciona de una manera increíble, ya que permite a sus usuarios ser capaces de crear y utilizar diversos programas para diseños complejos y simples. Esto significa que Python tiene algunos plugins especiales que permiten crear una programación simple que podría funcionar en otras plataformas. Como resultado, con el conocimiento de Python, usted está seguro de ser capaz de manejar diferentes lenguajes dentro del mismo paradigma.

Sorprendentemente, cuando Python se utiliza para codificar, da un resultado rápido en el objetivo. A pesar de que Python da acceso a diferentes plataformas, da el resultado a lo que se hace al instante. En la misma línea, escribir código con Python se hace fácil como si uno estuviera hablando en un lenguaje humano.

Python tiene esta característica multitarea que permite a sus usuarios ser capaces de obtener un único código de programación utilizando diferentes estilos. Los estilos podrían afectar al resultado final de un código; aunque seguramente será el mismo resultado con ligeras modificaciones.

Python es más fácil de aprender, pero el punto focal de la sintaxis es la legibilidad. Debido a esto, hay una gran reducción en el riesgo de mantenimiento. Los módulos y paquetes son cosas básicas compatibles con Python; estos permiten la reutilización de códigos y la modularidad del programa. Estas increíbles características de Python lo han convertido en uno de los programas líderes que los programadores siempre usarán y recomendarán a otros.

La habilitación del intérprete con la biblioteca estándar en Python siempre está disponible durante la programación. Estos son muy importantes porque el libre acceso a otras plataformas externas con la biblioteca, incluso sus distribuciones, está garantizado. Están disponibles en polaridad binaria y siempre en conexión con su fuente sin importar la plataforma. Python administra su memoria a través del recuento de referencias y la detección de ciclo del recolector de elementos no utilizados. Tiene resoluciones dinámicas que básicamente enlazan y retienen el método y otros nombres diferentes mientras se ejecuta un proyecto. Esto hace que la programación no sólo sea fácil, sino también extremadamente funcional.

El lenguaje de programación Python tiene algunos filtros como un mapa, reducción de funciones, etc. para mejorar su uso en cada punto de ejecución de código. Tiene comprensión, función de listado, diccionarios, conjunto de expresiones y generador. Su biblioteca estándar es básicamente dos: itertools y functools. Estas bibliotecas son responsables de la implementación de funciones, especialmente las de otras fuentes. El punto focal de este lenguaje de programación se da sumariamente como El aforismo como Hermoso es mejor que feo; Explícito es mejor que implícito; Simple es mejor que complejo; Complejo es mejor que complicado; La legibilidad cuenta.

Muchas personas se preguntan cómo funciona Python de una manera sencilla a pesar de sus complejos manejadores. Esto se debe a que ha sido diseñado con una amplia gama de extensiones. Esto es lo que facilita la adición de interfaces a las aplicaciones existentes. Python subraya el hecho de que tener una sintaxis y gramática simples son la clave principal para dar dinamismo a los programadores en su metodología de programación.

En su desarrollo, Python ha sido testigo de dos desarrollos notables. En la década de 1980, fue desarrollado por primera vez por Guido Van Rossum. Sin embargo, el reciente desarrollo de Python ha sido por la Python Software Foundation.

Entre lo que Python se puede utilizar para hacer incluyen: el diseño de un sitio web, desarrollo de juegos, programación numérica, puerto serie, etc. Sea lo que sea que Python se use a hacer, la belleza está ahí y los diversos estilos utilizados hacen que los diseños web sean muy únicos.

El lenguaje de programación Python se interpreta básicamente en la naturaleza. Como tal, antes de iniciar o ejecutar el código dado, uno necesita compilar todo el código escrito a la vez para su posterior interpretación a través del comando 'print'. Mientras tanto, con Python, usted como programador puede ayudar en gran medida con el crecimiento de fondo para el diseño de software diferente. El proceso de abstracción de detalles es un mecanismo que sirve como el punto focal central para Python que incluso los principiantes pueden entenderlo.

Más aún, la programación con Python es relativamente corta; códigos cortos, pero una salida decente. Uno de los problemas notables de Python es que se retrase ligeramente en la ejecución a pesar de que garantiza un desarrollo rápido. Python compila códigos, pero cuando (el proceso de ejecución) se compara con otros lenguajes como C y C++, entonces, es relativamente lento. Así es como funciona Python; código, depurar, recibir y ejecutar. La mayoría de las veces contiene sistemas Linux Distribution y macOS para garantizar su velocidad. Aparte del hecho de que asegura la velocidad mientras trabaja, las computadoras hoy en día son relativamente rápidas y esto mejora el funcionamiento de Python también , como si fuera una ventaja para él.

Python siempre será la elección de los programadores debido a su alta tasa en la mejora de la productividad. Los pasos de Python son edit, test y debug respectivamente. Curiosamente, un error en la entrada de código de Python nunca dará lugar a la segmentación con un error; esto ha hecho que muchos programadores recurran al hecho de que es uno de los lenguajes más fáciles para la depuración. En lugar de crear a través del intérprete una segmentación con error, python preferiría desarrollar una forma de excepción. Si esta excepción aún no se captura, se imprimirá como una carrera apilada, solo para mantener todo seguro.

Lenguaje de programación Python utiliza depuradores para detectar la variabilidad en la programación. Aparte de esto, también evalúa cómo son las expresiones arbitrarias durante la programación. Curiosamente, estos depuradores también están escritos en lenguaje Python. Esto fortalece el hecho de que Python tiene poder introspectivo. Esto también entra en la línea de código para realizar la evaluación necesaria de la misma cuando sea necesario.

En conclusión, para apoyar el hecho de que Python había sido muy útil a lo largo del tiempo, muchas otras tecnologías lo han empleado. Pocos de ellos son YouTube, BitTorrent, Eve Online, Google Search, Maya, iRobot Machines, Google App Engine, etc. La eficacia del trabajo realizado a través de Python es una gran ventaja de usarlo.

Capítulo 1

Conociendo Python

Debido a que este libro es para principiantes, es importante presentarle cómo empezar con el lenguaje de programación Python, su utilidad, desventajas, por qué es preferido por muchos y mucho más.

Generalmente, Python se considera como un lenguaje de código abierto con funcionalidad de lenguaje de programación de alto nivel. En sus inicios en la década de 1980, fue desarrollado por Guido van Rossum, pero más tarde administrado por la Python Software Foundation. Un factor motivador para Guido es por cómo ABC vino de un lenguaje que dio forma a su propia carrera. Como se indica en la sección de descripción de este libro, Python es uno de los lenguajes más potentes que se pueden utilizar para crear juegos, escribir GUI y desarrollar aplicaciones web. Cuando los códigos de lenguaje Python son examinados por su destreza de lectura y escritura, es más o menos leer y escribir declaraciones regulares en inglés; no están escritos en un lenguaje legible por máquina, en realidad. Los programas Python no tienen que procesarse antes de que las máquinas puedan ejecutarlos; sólo serán interpretados.

Además, Python es un lenguaje interpretado (tiene un intérprete). Esto significa que cada vez que se ejecuta un programa después de la programación, este intérprete se ejecutará a través del código y lo traducirá en código de bytes legible por máquina. Python es un lenguaje orientado a objetos que permite a los usuarios administrar y controlar estructuras de datos porque tiene un enorme tipo de estructura de datos. Se ha objetado crear y ejecutar programas también. Debido a que todo se hace en Python está en beneficio de los programadores y usuarios, todas las funciones, objetos, clases, tipos de datos y métodos toman la misma posición en Python. Es un lenguaje de alto nivel. Con el fin de cumplir su plena función como satisfacer las necesidades de los programadores, Python trabaja eficazmente como una herramienta para desarrollar estilos de vida, sociedad en general, aplicaciones que son para beneficios humanos y economía. No hay duda, Python hace que todo mejore; mejora la productividad, la comunicación y los niveles de eficiencia en el trabajo.

Una de las características básicas de cualquier idioma es que puede morir y extinguirse por lo que los nuevos lenguajes se sustituyen por él Python ha demostrado lo contrario a lo largo de los años. Se necesita un lenguaje con gran vitalidad para soportar la prueba del tiempo. Python, en sí mismo, ha resistido la prueba del tiempo y ha demostrado ser útil en todas las ramificaciones donde se ha aplicado desde el inicio. Debido a lo rentable, simple y eficaz que es Python, se recomienda para todos, especialmente aquellos que quieren tomar la programación como su profesión - aquellos sin conocimientos de programación previos seguramente encontrarán esto interesante.

Después de haber dado una breve introducción de Python, debe haber sido insinuado en él. Entonces, usted puede preguntar, ¿a qué ventaja está Python? Las ventajas de usar el lenguaje de programación Python no se pueden enfatizar en exceso, incluyen:

Mejora de la productividad

Aunque los códigos utilizados en la programación de Python son relativamente más cortos, simples y no mucho en comparación con otros lenguajes de programación de alto nivel como y C++, etc. En la misma línea, Python tiene características bien incorporadas diseñadas para producir una mayor productividad. Además, tiene una biblioteca estándar, así como la oportunidad de módulos de terceros y otras bibliotecas de origen. Estas son las características únicas que hacen que la programación en lenguaje Python sea más rentable y eficiente.

Fácil capacidad de aprendizaje

Tan eficaz como Python es, es considerablemente fácil de aprender. Esta es la razón por la que mucha gente prefiere y encuentra Python para ser un buen primer idioma en la programación de aprendizaje. De hecho, muchos programadores lo recomendarán una y otra vez para principiantes. Esto se debe a que Python utiliza sintaxis simple junto con códigos más cortos.

Fácil legibilidad

Los programas Python utilizan instrucciones exactas, claras y concisas que son muy fáciles de leer. Aquellos que ni siquiera tienen un fondo de programación sustancial en última instancia lo encontrarán muy fácil - esta es la fuerza de Python. Debido al ciclo de funciones de edición, ejecución y depuración, los programas escritos en Python son fáciles de mantener, depurar o mejorar – esto es legibilidad.

Amplio soporte de las principales plataformas

La programación de Python atraviesa obras en Windows, macOS, Linux/UNIX y otros sistemas operativos, incluso para dispositivos de forma pequeña. Además, se puede ejecutar en dispositivos como controles remotos, microcontroladores utilizados en dispositivos, juguetes, dispositivos integrados, etc.

Calidad del software

Por la función de legibilidad de Python, la reutilización y el mantenimiento de los códigos lo convirtieron en un lenguaje de programación excepcional que no sea sólo el scripting arcaico. La calidad del software se basa en el hecho de que la uniformidad de los códigos está más allá del scripting tradicional. Con esto, es muy fácil leerlo por todo el mundo, incluso aquellos sin conocimiento previo de la programación. La mejora de la función de coherencia en la configuración de Python hace que sea de alta y única calidad también. El mecanismo de poder utilizar los mismos códigos repetidamente es un atributo único de la programación de Python también.

Menos trabajo; más productividad

Una de las razones por las que los programadores prefieren Python es porque menos de su programación producirá una alta productividad. Aparte de esto, el programa se ejecuta instantáneamente sin necesidad de pasar por procesos de compilación como otros lenguajes como Java o C ++, requeriría. En otras palabras, hay menos cosa para escribir, depurar o mantener una vez que el programa se ejecuta adecuadamente. Esto anima a los programadores a moverse más rápido con el trabajo.

Durabilidad del programa

Durabilidad significa que uno podría ejecutar los mismos códigos para un programa determinado en diversas plataformas. Con una sola cadena de código, las mismas acciones se pueden llevar a cabo en otras plataformas, aunque con diferencias que podrían ser porque es el mismo código en diferentes plataformas. Diversas opciones para codificar buenos gráficos, interfaces de usuario, etc. siempre están presentes. Mientras tanto, los códigos de otros programas como Windows y Linux requerirán encarecidamente el código del script que no hará que se utilicen en otras plataformas.

Integración y vacilación de componentes

Con diferentes mecanismos, los scripts de Python pueden comunicarse fácilmente con otras partes de una aplicación. Además, estas integraciones permiten que Python se utilice como un producto de personalización y herramienta de extensión. El tipo de transformación que ha golpeado Python ahora, su código puede invocar bibliotecas C y C++ y también se puede llamar desde programas C y C++. Sorprendentemente, este código se puede integrar con componentes Java y .NET. Puede comunicarse a través de marcos como COM y Silverlight. Debido a esta integración, el código puede interactuar con dispositivos a través de puertos serie y puede interactuar a través de redes con interfaces como XML-RPC, SOAP y CORBA.

Diversas bibliotecas incorporadas Permiten

Una de las cosas especiales de Python y por qué la gente lo prefiere es porque viene con un diccionario estándar. Esta biblioteca soporta una matriz de tareas de programación de nivel de aplicación, desde la coincidencia de patrones de texto hasta el scripting de red. Más aún, Python puede servir como una extensión con bibliotecas integradas y una gran colección de software de soporte de aplicaciones de terceros. El dominio de terceros de Python ofrece herramientas para la construcción de sitios web, programación numérica, acceso a puertos serie, desarrollo de juegos, etc.

Fácil de operar

El placer derivado del uso de Python es otro factor que contribuye al por qué la gente lo prefiere a otros idiomas. Esto se debe a que la ardua tarea (programación) se disminuye más o menos como una tarea normal de la casa. Como resultado, Python utiliza herramientas integradas. Si bien este tipo de razón podría ser débil teniendo en cuenta el nivel de su relevancia, el incremento en la productividad y la calidad del software son razones notables junto a ella.

Habiendo dicho mucho acerca de cómo se construye Python, la pregunta sigue siendo, ¿es Python un "Lenguaje de scripting"? ¿O Python tiene algo en relación con Scripting? Para responder a esta pregunta, sepa que Python es un lenguaje de programación de propósito general que a menudo se aplica en roles de scripting. Además, Python se define generalmente como un lenguaje de scripting orientado a objetos. Este es un tipo de definición que presta soporte para OOP con una orientación general hacia roles de scripting también. Si se presiona para una línea, digamos que Python es probablemente más conocido como un propósito general. Para obtener una vista completa de la comprensión de Python, escriba el comando importar esto en cualquier símbolo del sistema interactivo de Python (lo entenderá más adelante en el resto del libro). Esto debe invocar un "huevo de Pascua" oculto en Python, una colección de principios de diseño subyacentes a Python que impregnan tanto el lenguaje como su comunidad de usuarios. Entre ellos, el acrónimo EIBTI está ahora de moda jerga para la regla "explícito es mejor que implícito".

Capítulo 2

Manos a la obra con Python

Instalación de Python (Windows)

Parte de cómo empezar a usar Python es instalar Python en su Windows. Para el primer paso de la instalación, tendrá que descargar el paquete de instalación para su versión preferida desde este enlace a continuación:

https://www.python.org/downloads/

Al visitar este enlace, se le dirigirá a una página. En esa página, tendrá que elegir entre las dos últimas versiones para Python 2 y 3: Python 3.5.1 y Python 2.7.11.

Al revés, si está buscando una versión específica, puede explorar la página para encontrar enlaces de descarga para versiones anteriores. Normalmente, optaría por descargar la última versión, que es Python 3.5.1 –que fue lanzado el 7 de diciembre de 2015

– o descargar la última versión de Python 2, 2.7.11. Sin embargo, la versión que descargue debe deberse al tipo de proyecto que desea realizar, aunque Python 3 es el presente y el futuro del lenguaje, problemas como la utilidad de terceros o la compatibilidad pueden requerir que descargue Python 2.

Una vez que haya terminado con la descarga, puede proceder a la instalación haciendo clic en el archivo .exe descargado. Una instalación estándar incluirá IDLE, pip y documentación.

Instalación de Python (Mac)

Si utiliza un Mac, puede descargar el paquete de instalación desde este enlace:

https://www.python.org/downloads/mac-osx/

La progresión del aprendizaje está avanzando en el lenguaje de programación Python. En realidad, Python es un lenguaje adaptable pero potente que se puede utilizar desde varios puntos de vista. Esto solo implica que Python se puede utilizar de forma inteligente cuando se va a probar código o una declaración en una premisa línea por línea o cuando se están investigando sus aspectos destacados. Increíblemente, Python se puede utilizar en modo de contenido, sobre todo, cuando se desea descifrar un documento completo de declaraciones o programa de aplicación.

Trabajar con Python, ya sea como fuere, requiere la precaución extrema, especialmente cuando se está dibujando o conectándose con él. Esta precaución también es válida para cada lenguaje de programación. Para dibujar con Python de forma inteligente, se puede utilizar la ventana Línea de comandos o el Entorno de desarrollo IDLE.

Dado que usted es un aprendiz de programación en general o usando Python, habrá empresas de cambio según cómo podría conectarse y cooperar con el lenguaje de programación Python. Los siguientes son aspectos básicos de las actividades para la cooperación rápida con Python:

La interacción de la línea de comandos

Asociarse con la línea de pedido es el enfoque menos difícil de trabajar, como principiante, con Python. Python se puede imaginar simplemente viendo cómo funciona a través de su reacción a cada dirección terminada introducida en el >>> breve. La línea de comandos probablemente no será el compromiso más favorecido con Python, al mismo tiempo, a lo largo de los años, ha demostrado ser el método más fácil para investigar cómo funciona Python para los estudiantes.

Lanzamiento de Python mediante la línea de comandos

Si utiliza macOS, GNU/Linux y marcos UNIX, debe ejecutar la herramienta Terminal para llegar a la línea de comandos. Por otra parte, si usa Windows, puede acceder a la línea de orden de Python haciendo clic con el botón derecho en el menú Inicio e iniciando Windows PowerShell.

Como las instrucciones sobre programación requieren una contribución de un pedido, cuando necesite python para hacer algo por usted, lo entrenará introduciendo direcciones que conoce sobre un rendimiento similar. Este es un ajuste en la orden puede dar el rendimiento ideal; ser cauteloso.

Con esto, Python hará una interpretación de estas instrucciones a las pautas que su PC o gadget puede comprender y ejecutar.

Echemos un vistazo a ciertas guías para percibir cómo funciona Python. Tenga en cuenta que puede utilizar el pedido de impresión para imprimir el programa todo incluido

"Hey days, Savants!"

1. Por encima de todo, abra la línea de comandos de Python.

2. En ese punto, en el >>>prompt, escriba el acompañante (no deje espacio entre la impresión y la sección): print (Heydays, Savants!")

3. Ahora, debe presionar enter para revelar a Python que ha terminado con la dirección. Rápidamente, la ventana de la línea de dirección mostrará Hey days, Savants! Entre tanto, Python ha reaccionado de manera similar como se le ha dicho en la disposición compuesta con la que puede relacionarse. Por otra parte, para percibir cómo reaccionará mal cuando solicite que imprima una cadena similar utilizando una estructura lingüística incorrecta para el orden de impresión,

escriba e introduzca la dirección que lo acompaña en el resumen de orden de Python: Print("Heydays, Savants!")

El resultado será: Error de sintaxis: estructura de lenguaje no válida

Este es un caso de lo que obtiene cuando usted utiliza explicaciones no válidas o fragmentadas. Tenga en cuenta que Python es un lenguaje de programación con tacón de mayúsculas, por lo que en cualquier momento que malinterprete el mensaje podría ser que compuso la impresión con una letra mayúscula. Obviamente, hay una opción para imprimir la dirección, simplemente puede escribir su anuncio dentro de declaraciones como esta: "Primes, Savants!" Tenga en cuenta que un anuncio son las palabras que desea mostrar una vez que se da la orden; las palabras que pueden encajar no se limitan al modelo dado aquí, sin embargo.

El método más eficaz para salir de la línea de orden de Python

Para salir de Python, puede escribir cualquiera de estos comandos: quit() o exit(). Posteriormente, mantenga presionado Control-Z y luego presione Entrar; el Python debe salir.

Su punto en común con la programación de Python debería ser fascinante ahora; todavía hay partes que aprender, la tolerancia satisfará.

El área de IDLE: Entorno de desarrollo integrado (IDE) de Python

Un lugar destacado entre las fascinantes piezas de Python es el aparato IDLE (Integrated Development and Learning Environment). A pesar del hecho de que este dispositivo específico se incorpora en el paquete de establecimiento de Python, también puede descargar IDE de forasteros cada vez más refinados. El instrumento IDLE le da acceso a una etapa cada vez más eficaz para componer su código y trabajar de forma atractiva con Python. Para llegar a IDLE, puede experimentar un organizador similar donde encontró el símbolo de línea de dirección o en el menú de inicio (como ha obtenido de la colaboración de línea de pedido). Al hacer clic en el símbolo IDLE, se le coordinará a la ventana de Python Shell. Esto nos llevará al segmento de cooperación con la ventana de Python Shell.

Conexión con la ventana de Shell de Python

Cuando esté en la ventana de Shell de Python, verá un menú desplegable y un >>>prompt que se asemeja a lo que ha encontrado en la ventana de línea de dirección (la conexión principal hablada). Hay una función específica de IDLE de alterar el dibujo en orden pasado. Ahora, usará un menú de modificación de IDLE similar para mirar hacia atrás a sus instrucciones pasadas, cortar, copiar y pegar instrucciones pasadas y, tomando todas las cosas juntas, hacer cualquier tipo de edición. Claramente el IDLE es cada vez más similar a un salto de la asociación de línea de dirección. Increíblemente, en el menú desplegable de la ventana de Python Shell están las cosas del menú que lo acompañan: Archivo, Windows, Ayuda, Shell, Opciones, Editar y Depurar. Cada uno de estos menús tiene varias funciones. Los menús Shell y Depurar se usan al crear proyectos más grandes a medida que proporcionan aspectos destacados del procedimiento. En cualquier caso, mientras que el menú Shell le da la oportunidad de reiniciar el shell o buscar el registro del shell para el último restablecimiento, menú de depuración tiene un montón de cosas valiosas para seguir el registro de origen de una exención y presentar la línea de error. Con la opción Depurador, lo más probable es que introduzca una ventana del depurador inteligente que le permitirá recorrer paso a paso los proyectos en ejecución en Python. El menú Opciones de la ventana le permite editar y configurar IDLE para que se adapte a sus propias inclinaciones de trabajo de Python.

Además, en el menú Ayuda, se abre para elegir la Ayuda y la documentación de Python.

Usando el menú Ventana de archivo, lo más probable es que haga otro documento, abra un módulo, abra un registro antiguo, así como perdone su sesión a través de las cosas esenciales hechas naturalmente una vez que llegue a este menú. Con la alternativa 'Nuevo archivo', casi con seguridad hará códigos que simplemente debe tocar en él. Cuando lo haya hecho, se le llevará a otra ventana con un procesador de texto sencillo y estándar donde puede escribir o modificar el código. Verá que el registro está 'sin título' no se congele este es el nombre subyacente del documento que cambiará cuando se ahorre el código. Una cosa impresionante sobre el menú de la ventana Archivo es que se niegan a tener las opciones 'Shell' y 'Menú' juntas, por lo que la barra cambia un poco con la ventana de Shell. Lo que sucede es que en la ventana de Shell, se han presentado dos nuevos menús, para ser específicos: los menús Ejecutar y Formato. En cualquier punto que necesite para ejecutar los códigos que ha compuesto en la ventana de registro, el rendimiento se dará en la ventana de Shell individualmente.

Hacia el inicio de esta área, se le informa que Python se puede utilizar en el modo de script. ¿Cómo harías esto? El método para obtener el resultado es muy extraordinario en este punto. Al trabajar en modo de contenido, el resultado que obtendrá no se programará como lo haría en el modo de conexión o asociación. Deberías invocarlos fuera de tu código. Para obtener su rendimiento en este modo, ejecute el contenido o pídalo a través del trabajo print() dentro de su código.

Para terminar esta sección, se le han tomado a través de los dos métodos esenciales del lenguaje de programación Python; el dibujo en o asociando y los modos de script. Cualquiera que sea la circunstancia, darse cuenta de que el cambio fundamental en ese resultado es depender del orden mientras que el otro está programado.

Capítulo 3

Ejecución de programas Python

A prender cómo Python escribe programas de computadora se está convirtiendo en un gran éxito con este capítulo. Como característica de la presentación, este capítulo hablará sobre cómo Python ejecuta sus programas. Esto es fundamental, sobre todo en esta etapa, ya que inicialmente debe comprender los programas y cómo se mantienen funcionando antes de saber cómo escribirlos. Tener la información esencial de cómo se compilan y ejecutan los programas le permitirá entender los códigos rápidamente sin un problema una vez que los haya aprendido bien. Si esa comprensión apropiada no se da a los programas de Python, puede haber confusiones cuando lleguemos a Python apropiadamente. Desde el principio de este libro hasta este mismo capítulo, se confía en que usted más probable que no tenía, en cierta medida, el 50% de los Fundamentos del lenguaje de programación Python.

Aquí, habrá un poco de un cambio desde el tratamiento de la programación Python como un lenguaje alterado a ella como programación con Intérprete para la compilación de programas amplios. En el sentido real, Python tiene un paquete extraordinario llamado el Intérprete. Un intérprete es una especie de programa que ejecuta diferentes proyectos. Cuando se compone un código para ejecutar un programa en particular, el intérprete le dará permiso para su uso en diferentes etapas en caso de que exista la situación que el desarrollador desea conectar los proyectos juntos. Sorprendentemente, cuando se compone un programa Python a través de códigos indicados, el intérprete de Python lee el programa como códigos y, después, completa las directrices que contiene. Para indicar, el traductor se asemeja a una capa de lógica de programación entre el código y el equipo de PC de su máquina. Sin el intérprete, será difícil para Python leer y cambiar los códigos a los programas – ¿cuál es su utilidad, en ese momento? Durante el tiempo dedicado a la introducción de la programación de Python, el intérprete se introduce y se le dan sus funciones. Cuando el paquete de Python se introduce en su máquina, produce varias partes; en cualquier caso, un mediador y una biblioteca de ayuda. Debe revisar la utilidad de la biblioteca de ayuda estándar; se ha hablado de ellos en la descripción y el capítulo uno. La productividad total del intérprete se basa en cómo se utiliza: el intérprete de Python puede aparecer como un programa ejecutable o una gran cantidad de bibliotecas conectadas a otro programa (s). En una línea similar, el intérprete tiene un tipo alternativo de Python que se basa en qué tipo de Python se ejecuta: el intérprete en sí podría ser ejecutado como un programa C, una gran cantidad de clases Java, o algo diferente.

Aparte de los códigos, la estructura, la mejora que toma, el código de Python que redacta debe ser controlado de forma confiable por el intérprete. Esta es la forma en que Python ejecuta sus proyectos. Para potenciar la lectura completa de sus códigos, debe presentar un intérprete de Python en su PC. Este establecimiento específico no es muy similar al 'indetectable' en ensamblado cuando introdujo el producto. Este es el intérprete "auténtico" y es cada vez más similar a un aumento para garantizar un funcionamiento suave, ágil y productivo de la programación de su programa, así como la conexión de programación. En resumen, a continuación se presentan las etapas que el intérprete de Python puede ejecutarse y traer de esta manera:

Para todos los usuarios de Windows, obtendrá y ejecutará un documento ejecutable autointroducido que coloca Python en sus equipos. Para ello, simplemente toque dos veces y responda Sí o Siguiente en todas las preguntas y preguntas resultantes.

Para todos los clientes de Linux y MacOS, es posible que tenga un Python utilizable preinstalado en sus PC a partir de ahora. Esta es una parte estándar de estas etapas hoy en día. Algunos otros clientes de Linux y Mac OS X, generalmente, clientes Unix, una acumulación de Python es de su paquete de transporte de código fuente completo exclusivamente. Esto es esencial en vista de su programación y funciones en sesión montada.

Con respecto a los usuarios de Linux, también pueden descubrir registros RPM y Mac OS X con paquetes de establecimiento explícitos sin embargo factor.

Diferentes etapas solicitan que las dadas a partir de ahora, han establecido métodos significativos para ellos como lo eran. Por ejemplo, Python es accesible en teléfonos, tabletas, consolas de juegos e iPods, sin embargo, su refinamiento de establecimiento difiere ampliamente. A pesar del hecho de que se ha ofrecido cómo obtener Python en sí (consulte el capítulo uno), también puede descubrirlo a través de diferentes otros canales de transporte, pero verificar de manera confiable si Python está a partir de ahora presente en su estación de trabajo antes de presentarlo a mantener una distancia estratégica de los problemas. En caso de que estés tomando una foto en Windows 7 y versiones anteriores, descubrirás Python en el menú Inicio. En Unix y Linux, lo más probable es que Python viva en el árbol de registro de su usuario o su parte. Para las motivaciones detrás de esta sección y las siguientes, se espera que tenga Python preparado para ir, incluso desde la primera parte.

Después de haber examinado el contenido de los proyectos de Python y cómo se pueden introducir, es apropiado hablar sobre cómo se ejecutan los proyectos. Con la aclaración de la ejecución del programa Python, usted sabrá cuáles son los códigos y cómo ejecutarlos. Curiosamente, ver cómo se ejecuta el programa se basa exclusivamente en si se ve desde el final del desarrollador o el punto del intérprete de Python; estas perspectivas realmente ofrecen diferentes evaluaciones sobre la programación de Python en su mayor parte. Examinaremos las dos perspectivas a continuación: desde la vista del desarrollador, el programa Python es sólo un registro de contenido que contiene instrucciones de Python. Por ejemplo, el documento adjunto, denominado script0.py, es uno de los contenidos de Python menos complejos que simplemente pasa su programa Python útil completo como:

```
print('What's up world')
```

```
impresión(2 ** 100)
```

Este documento contiene dos declaraciones de impresión de Python, que esencialmente imprimen una serie de palabras (qué es el mundo) y un resultado de sentencia numérica (2 a la potencia 100) a la corriente de rendimiento. La estructura del lenguaje de esto no debe ser su preocupación, por el momento, lo comprenderá más en la última pieza de este libro. La preocupación esencial aquí es ver cómo se ejecuta el programa Python. Compasivamente ejecutar esto en su procesador de textos para una comprensión exitosa. A la luz de las directrices generales de cómo funciona Python, los documentos del programa reciben nombres que terminan en .py; En realidad. De hecho, este plan de nomenclatura es necesario solo para los documentos que están "importados", pero es más probable que no haya visto que la mayoría de los registros de Python tienen nombres .py. Se espera que esto garantice la consistencia y la comprensión enérgica.

Ahora, debería haber compuesto estos anuncios en su registro de contenido. Si lo ha hecho, debe aconsejar a Python que ejecute el documento. Por ejecución, que sólo tiene la intención de ejecutar cada uno de los anuncios en el registro a través y a través, consistentemente. Teniendo en cuenta todas las cosas de su composición cuando ejecuta el registro, vería las secuelas de las dos declaraciones impresas aparecen en algún lugar de su PC, por supuesto, más a menudo que no en una ventana similar en la que estaba cuando ejecutó el programa : primes intelectuales.

Por ejemplo, esto es lo que sucedió cuando ejecuté este contenido desde mi extremo en la línea de pedido de la ventana del símbolo del sistema en una estación de trabajo de Windows, para asegurarse de que no tenía ningún error gramatical sin sentido:

C:-código> script0.py de Python

¡Qué mundo!

Para nuestras motivaciones aquí, recientemente hemos ejecutado un contenido de Python que imprime una cadena y un número. Verdaderamente, no ganaremos ningún honor de programación con este código, sin embargo, es suficiente para atrapar los rudimentos de la ejecución del programa.

Desde el final del intérprete de Python, comprender el mediador como en esta área es genuinamente estándar para los dialectos de scripting, y todas las cosas consideradas, por lo general es todo lo que la mayoría de los desarrolladores de Python necesitan saber como un incipiente. Todo lo que se requiere es simplemente componer el código en registros de contenido y ejecutar esos documentos a través del traductor. Dentro del traductor como un aumento a Python, más sucede cuando se aconseja a Python que "vaya". Sin embargo, aun cuando la comprensión de los internos de Python no se requiera cuidadosamente para la programación de Python, una comprensión básica de la estructura en tiempo de ejecución de Python puede permitirle obtener un control sobre el plan maestro de cómo se ejecutaron los programas. Cuando educas a Python para que ejecute tu contenido, hay un par de pasos que Python hace antes de que el código realmente comience a crujir incesantemente; la recopilación de códigos en algo que muchos se refieren como "código de bytes" y después se dirige a algo que muchos se refieren como un " máquina virtual." Esto es menos difícil en el instrumento contrastado con el primero.

Con todo, ya ha sabido cómo se ejecuta el programa Python y cómo se ejecuta. Se confía en que no aceptes comprender esto muy bien sin alcanzar adecuadamente la tierra; no hay viabilidad en la programación sin hacerlo a medida que aprendes.

Capítulo 4

Comprender la sintaxis de Python

Después de haber examinado cómo Python ejecutar y ejecutar su programa, es fundamental examinar la sintaxis de Python con el fin de dar suficiente información a los estudiantes. Se examinará la explicación que ha estado ocurriendo en el primer capítulo sobre la disposición de las palabras en Python. En su mayor parte, la sintaxis implica las reglas las formas aceptables de organizar palabras para un propósito particular contenida en la serie de palabras. En cualquier caso, la sintaxis de Python describe cómo la disposición de las palabras que caracteriza cómo los usuarios humanos y el marco de trabajo deben ser compuestos e interpretados como un programa Python. Puesto que ha compuesto y ejecutado su programa en Python, insinuarse con su sintaxis es una necesidad absoluta.

Lo principal a saber primero son las palabras clave; estas son palabras que no deben rellenarse como factores, identificador de código, constante y nombre de función. Las palabras clave de Python se mantienen constantemente únicamente. Es imperativo adelantar la estructura del lenguaje de Python para evitarse de los deslizups, errores e incluso decepción. Usted debe tomar las palabras clave que lo acompañan en todos los aspectos con cautela si prefiere no seguir ejecutando errores cuando está ejecutando su programa:

- y el estado

- clase de break

- continuar def

- Elif

- de lo contrario, con la excepción de

- exec por fin

- para desde

- global si

- importación en

- es lambda

- no o

- impresión de pase

- aumentar el retorno

- intente mientras

- con rendimiento

Las citas utilizadas en Python Punctuation

En la puntuación de Python, hay un montón de direcciones hechas usando la cita. De hecho, Python permite la utilización de comillas para mostrar literales de cadena. Independientemente de si está utilizando instrucciones simples, dobles o triples, debe comenzar y finalizar la cadena con una ordenación similar para garantizar que el programa se ejecuta según lo determinado. Tenga en cuenta que usaría las instrucciones triple justo cuando la cadena siga ejecutándose sobre unas pocas líneas.

Declaraciones Escritura en Python

La disposición de las instrucciones dadas al traductor de Python para ejecutar y ejecutar se denomina instrucciones de explicación. Por ejemplo, cuando se realiza un incentivo a una variable, indique mi variable á "felino", ha sido propietario recientemente de una expresión de tarea. Sea como fuere, la estructura linguística de una tarea no vive en qué medida o con la cita como explicación de la tarea también puede ser tan corta como c . 3. Diferentes tipos de instrucciones en Python incorpora; explicaciones, para declaraciones, mientras que las declaraciones, y algunos más.

La estructura del lenguaje de las declaraciones multilínea

Como se examina, las declaraciones se conocen como directrices. Estas direcciones pueden variar más de unas pocas líneas; a partir de ahora declaración multilínea. Al componer código, tendrá que romper una declaración larga en varias líneas. Para ello, puede ajustar la instrucción dentro de gabinetes, soportes y secciones. En vista de los estilos de composición, este procedimiento es el estilo preferido para cuidar de las declaraciones de varias líneas. Por otra parte, hay un enfoque para ajustar diferentes líneas mediante el uso de una línea de puntuación oblicua (o) hacia el final de cada línea para mostrar la continuación de la línea. A medida que compones tu propio código, la comprensión ideal de la gramática multilínea resulta ser simple.

La estructura de la sentencia de la sangría

En su mayor parte, el espacio se utiliza para indicar cuadrados de código. Esto es como lo que se encuentra en otros dialectos de programación como C, C++, y así sucesivamente como soportes. Python está dispuesto en espacios.

Con Python, los cuadrados de códigos se organizan por espacio no por estilo o inclinación, sino como un requisito previo del lenguaje que no se dobla. Numerosos desarrolladores han terminado esta directriz combinada con otros hace que los códigos Python sean cada vez más comprensibles y razonables. Basado en la prueba y la estructura distintivas, un cuadrado de código se puede reconocer eficazmente cuando se toma un gander en un programa Python a medida que comienzan una separación similar a un lado. Si debe estar aún más profundamente asentado, básicamente se puede sangrar otro cuadrado más a un lado. Por ejemplo, aquí hay una sección de un programa que caracteriza el gasto de los zapatos:

costo de f de los zapatos ($5):

costo 5 * $

si 3 > 15:

costo - 4

elif días > 2:

costo - 10

costo de devolución

Es importante tener en cuenta que debe asegurarse de que el espacio de sangría es estable dentro de un cuadrado. Cuando se utiliza IDLE y diferentes IDE para incluir los códigos, Python da espacio naturalmente en la línea consecuente cuando se introduce una explicación que requiere espacio. El espacio, por los principios de Python, es proporcional a 4 espacios a un lado; mantener en él.

Después de la formación del espacio, es posible que debas darte cuenta de cómo terminarlo. Simplemente, el final de cada espacio es el final del cuadrado. La tercera y última parte sintáctica que Python expulsa que podría parecer la de la mayoría de los estudiantes de otros lenguajes c-como programación es que no hay necesidad de componer nada irrelevante en su código para acceder gramaticalmente al inicio y al final de un corchete cuadrado de código. No es necesario incorporar start/end, en ese punto/fin si, o rodear el corchete, como lo hace en un lenguaje similar a C como:

si (x > y)

x - 1;

y = 2;

}

En Python, más bien, se aplica sangría de forma fiable a cada uno de los códigos de un único cuadrado asentado, lo que le da una separación similar a un lado. Tenga en cuenta que Python utiliza el espacio físico de los códigos para saber dónde comienza y se detiene el cuadrado:

Si a > b:

a 1

b - 2

El espacio implica, ahora, el espacio en blanco claro alrededor de la declaración establecida dos. A Python no le importaría menos hasta qué grado se sangra (puede usar espacios o pestañas), o cómo se aplica sangría; usted tiene la decisión de utilizar cualquier número de espacios o pestañas. Para afirmar, el espacio de un cuadrado asentado puede ser muy sorprendente desde el de otro. La estructura general del lenguaje decide es sólo que la mayoría de las explicaciones de espacio deben sangrar una separación similar a un lado. Esto es en tal caso que, de lo contrario, obtendrá un error de gramática, y el código no seguirá ejecutándose hasta que corrija su espacio para que sea predecible. Compruebe todo antes de experimentar la organización de ejecución.

La estructura del lenguaje de los comentarios

Al componer un programa, de vez en cuando, querrá poner algunas notas justo dentro del código para dar una representación de lo que hace esa instrucción; tal cosa se conoce como un comentario. Un comentario es más valioso cuando necesita auditar o regresar a su programa por deficiencia o cambio; es más fácil de seguir. Además, para diferentes desarrolladores que deseen repasar el código fuente, el comentario lo hará más sencillo. La forma de componer y la observación de la estructura dentro de su programa es comenzando la línea con una imagen hash. Para el intérprete de Python, la imagen hash aconseja al intérprete de Python que ignore el comentario al ejecutar el código. Si su comentario está en una línea múltiple, puede usar una imagen hash hacia el inicio de cada línea. Por otro lado, también puede ajustar la observación de varias líneas con instrucciones triples.

La estructura del lenguaje de los identificadores de Python

Dentro del programa Python, los identificadores de Python son nombres dados a la clase, módulo, función, variable o diferentes artículos. Esta es cualquier sustancia que va a utilizar en Python para componer códigos debe ser adecuadamente nombrado o dado prueba reconocible derecho, ya que dará forma a alguna parte de su programa. Aquí están los programas de nomenclatura de Python que usted debe saber acerca de:

Un identificador puede ser una combinación de letras en mayúsculas, letras minúsculas, guiones bajos y dígitos (0-9). Por lo tanto, a continuación se avecinan identificadores sustanciales: theMovement, my_movement, move_1 e print_what is_world.

A continuación se presentan consejos excepcionales sobre los identificadores en Python:

- Dentro de los identificadores, no se permiten caracteres únicos, por ejemplo, %, .

- Tenga en cuenta que 3life no es legítimo más bien life3 es con el argumento de que un identificador no debe comenzar con un número.

- Por lo general, Python es un lenguaje que distingue mayúsculas de minúsculas. Esto es común de identificadores y esta es la razón por la que la palabra Feliz y feliz son dos identificadores particulares en Python.

- Las palabras clave de Python no se pueden utilizar como identificadores.

- Al crear una clase, los identificadores de clase deben comenzar con una letra en mayúsculas, pero el resto de los identificadores en minúsculas.

- La separación de diferentes palabras en su identificador es por un carácter de subrayado.

- Usted debe elegir de manera confiable identificadores que le sonarán bien incluso después de un agujero largo. Esta es la razón por la que es cualquier cosa menos difícil establecer la variable en c á 2.

- Es apropiado para la razón futura que piensa que es más se utiliza un nombre de variable más extendido pero progresivamente importante, por ejemplo, considerar el número 2 esto se vuelve más fácil en cualquier punto de confusión.

Teniendo todo en cuenta, la sintaxis de Python ha sido administrada por los 'módulos' donde los necesitaría. Esto es en el argumento de que obtendrá todo sobre ella de forma independiente que ensamblarlo. Recuerda ejecutar los proyectos a medida que los aprendes.

Capítulo 5

Variables y tipos de datos de Python

El verdadero negocio sobre la programación de Python está surgiendo ahora. El capítulo anterior ha sentado las bases para la programación explicando la nitty-gritty de la sintaxis de Python; la regla que guía el encadenamiento de palabras para la instrucción y la interpretación. En este capítulo, examinaremos las variables, su definición, sintaxis, etc. y los tipos de datos que se encuentran en Python.

Dentro de Python hay un contenedor; más como una tarjeta de memoria que puede almacenar valores; llamadas variables. Se puede acceder o cambiar dependiendo del tipo de información almacenada en el mismo. Las variables son como formas de identificar una ubicación específica utilizada por un programa durante la programación. En cierto modo, las variables se utilizan para realizar un seguimiento del lugar en particular programas codificados se almacenan para su uso posterior, como la exportación a otras plataformas, la fusión, entre otros. Para Python, las variables pueden indicar (dar instrucciones) al equipo que guarde o recupere datos desde y hacia esta misma ubicación de memoria.

Al tratar con variables y tipos de datos, Python funciona significativamente diferente de otros lenguajes relacionados como Java, C, etc. Esto se debe principalmente a que, mientras declaran y enlazan una variable a un tipo de datos específico, Python se enlaza con datos diferentes: solo puede almacenar un tipo de datos único. Para poner en términos simples, si la variable que se va a almacenar es de tipo entero, solo podrá guardar enteros en esa variable al ejecutar el programa. En resumen, al tratar con variables, no hay una forma rígida de manejarlas en Python; por aventura desea utilizar una variable, pensar en un nombre, declararlo a través de la asignación de valor que se puede cambiar también durante la ejecución del programa si es necesario.

¿Cómo se declara una variable a través de una asignación de valor? Para responder a esto, examine la ilustración que se muestra a continuación;

Si my_variable 20

Tenga en cuenta que está equiparando la variable my_variable como 20 en realidad en lugar de que la variable es sólo un conjunto a 20

Si desea aumentar el valor de la variable, escriba esta instrucción en la línea de comandos:

```
>>>mi_variable á my_variable + 5
```

Para saber la forma en que Python responderá a este comando, invoque el comando print con: >>>print(my_variable)

Este será el resultado en la siguiente línea:

```
25
```

Si desea utilizar my_variable para almacenar una cadena literal "violeta", simplemente establezca la variable en

"violeta" de esta manera:

```
>>>mi_variable á "violeta"
```

Para conocer el almacén actual en my_variable, utilice el comando print:

```
>>>imprimir(my_variable)
```

En la siguiente línea, verá:

Violeta

Estas son formas simples de manejar variables en Python, asegúrese de seguir prácticamente.

En este punto, el viaje a las variables estará en espera a medida que nos dirigimos a los tipos de datos que se encuentran en la programación de Python. Python tiene diferentes tipos de datos con el fin de mejorar la importancia de la misma para los desarrolladores de aplicaciones y programadores, ya que se proporcionan suficientes datos eficaces. Los tipos de datos son números, fecha, cadenas, hora, booleanos y listas.

Los tipos de datos de números

Python puede diferenciar tipos numéricos sin que los declare; esta es una de las mayores ventajas de usar Python. Con sus funciones integradas, Python conoce por sí mismo un dato del otro cuando se ejecuta la instrucción. Estas funciones integradas para los valores numéricos son cuatro, a saber: flotante, complejo, entero y números enteros largos. Es pertinente tener en cuenta que el tipo de Python que está utilizando determinará el número de funciones numéricas integradas activas. Para Python tres, sin embargo, solo se admiten tres tipos (flotantes, enteros y complejos).

Los números flotantes

Estos son números reales. También se conocen como flotadores. También conocido como floats, los números de punto flotante significan números reales. Significativamente, cuando desee escribir floats, coloque un decimal en ellos para diferenciarlos de los números fraccionarios. De otra manera, puede escribir flotadores utilizando notaciones científicas; casos superiores e inferiores; donde la letra 'e' será equivalente a la potencia del 10o. La ilustración es:

>>>7.4e2

7400.0

>>>7.4e2

742

También puede probarlo más con otras secuencias numéricas para mejorar la flexibilidad con los flotadores.

Los números enteros (int)

Los enteros, a diferencia de los floats, no se escriben con puntos decimales. Son números enteros positivos o negativos. Los enteros en Python son numerosos, pero pocos se darán a continuación como una guía de cómo se tratarán otros;

Base 2 enteros

Para escribir enteros binarios, utilice '0b' o '0B' como prefijo (es cero y no 'o'). Como ilustración, véase:

>>> a - 0b3200

>>> imprimir(a)

3200

Enteros regulares

Son sólo números normales ya sean polares positivos o negativos. Ejemplos son 243, -110, 3, etc.

Base 16 enteros

También se conocen como hexadecimales. Para escribir los 16 enteros base, utilice el prefijo '0X' o '0x' (cero eks). Para ilustrar ver a continuación:

>>>hex_lit á 0xA0B

>>>imprimir(hex_lit)

238

Base 8

Esto como otros, también, se representa mediante el uso de '0o' o '0O' como prefijo también. Ejemplo:

>>>c á 0O29

>>>imprimir(c)

29

Números complejos

Son como los números reales en que son números reales, aunque siempre están en pares. Además, los números complejos también son conjuntos de números imaginarios. En su combinación, toman la forma de un flotador y un número real de esta manera: 'c + bJ' donde 'c' es un flotador, 'b' un flotador también y 'J' raíz cuadrada del número imaginario. Vea los ejemplos a continuación:

>>>x á 5 + 6j

>>>y 8 – 2j

>>>z á x + y

>>>imprimir(c)

(6 - 3 días)

Tenga en cuenta que los números complejos están restringidos en el uso en Python.

Los tipos de datos strings

Las cadenas son datos especiales, ya que son caracteres Unicode con combinaciones de letras, símbolos y números. En su definición, mientras codifica, incluya cadenas en 'coincidencia de comillas simples o dobles'. Compruebe los ejemplos siguientes:

>>>stringA - "El mejor estudiante es Python."

>>>stringB - "El mejor estudiante es Python."

Por aventura se está tratando con la cadena literal entre comillas simples que contiene una comilla simple también, coloque una barra invertida (-) antes de la comilla simple dentro de la cadena para escapar del carácter. Por ejemplo:

>>> stringC á 'Es bueno ser inteligente.'

Para imprimir stringC:

>>> imprimir(stringC)

Es bueno ser inteligente.

Si la cotización se hubiera incluido en la cotización doble normal, la programación habría sido sencilla de esta manera:

>>>stringC - "Es bueno ser inteligente"

En la misma línea, cada vez que su cotización esté encerrada en otra cotización doble, coloque una barra diagonal inversa antes de la cotización incrustada. Marque este ejemplo:

>>>doc" "El programador reiteró: "Siempre elegirá el lenguaje de programación Python como el mejor entre otros."

>>> imprimir(doc)

El programador reiteró: "Siempre elegirá el lenguaje de programación Python como el mejor entre otros"

Hay maneras en que las cadenas tratan números indexados o subíndices. Tenga en cuenta que la indexación de Python comienza desde 0 (cero) en lugar de 1. Por lo tanto, el primer carácter de cualquier cadena debe comenzar desde cero.

Para ilustrar cómo la indexación de cadenas funciona en Python, defina la cadena "Hello Python" en el línea de comandos:

>>>s á "Hola a todos, es Python"

Así es como Python indexaría la cadena:

-12 -11 -10 -9 -8 -6 -6 -5 -4 -3 -2 -1

Hola a todos, es Python

(escribir desde 0- infinito)

Para comprobar el primer carácter de la cadena, escriba e introduzca el nombre de la variable "s" y el índice 0 entre corchetes como este:

>>>s[0]

Obtendrá esta salida:

'H'

Tenga en cuenta que es más fácil comprobar esto porque sabe que su número de índice es cero. Curiosamente, no tiene este privilegio cuando desea tener acceso al último carácter de la misma cadena. ¿Cómo lo haces entonces?

Para marcar para saber si hay el último carácter, utilice esta expresión:

>>>s[len(s)-1]

Obtendrá la salida:

'n'

La expresión le introduce en la función *len*.   En realidad, hay una manera más fácil de acceder al último elemento de la cadena:

>>>s[-1]

'n'

Para acceder al penúltimo carácter:

>>>s[-2]

el

Además de usar el índice, puede usar otras funciones y operadores matemáticos en una cadena.

Tipos de datos de fecha y hora

El hecho de que un buen número de aplicaciones funcione eficazmente con información de fecha y hora es cierto para la programación de Python. Para utilizar la función de hora y fecha, utilice este comando; datetime.now(). Esto generará la fecha y hora actuales a medida que comunica el código de Python incorporado para ejecutar la función.

Puede acceder a la hora y la fecha directamente desde Python encodinglo siguiente en el símbolo del sistema:

>>> de datetime import datetime

>>> datetime.now()

datetime.datetime(2019, 4, 20, 4, 17, 19, 60352)

Notarás que el formato de los números no es realmente legible y te encantaría trabajar con algo legible, por lo tanto, usa el comando 'strftime' para hacerlo posible. Compruebe el formato que se indica a continuación:

>>>desde el momento de la importación de strftime

>>> strftime("%Y-%m-%d %H:%M:%S")

'2019-04-20 05:35:03'

Tenga en cuenta que el acrónimo de los comandos 'strftime' son: Y, (año), M (mes), D (día), M (mes) y S (segundos).

Los tipos de datos booleanos

Básicamente, los tipos de datos que se utilizan para generar respuestas positivas y negativas en Python son Boolens. Las respuestas suelen ser verdaderas o falsas. Por ejemplo, cree varias variables para almacenar valores booleanos e imprima el resultado de esta manera:

bool_a á 7 s 2*3

bool_b á 9 < 2 * 2**3

bool_c á 7> 2 * 4 + 1

print(bool_a)

```
print(bool_b)

print(bool_c)
```

El Shell de Python mostrará estos resultados:

Falso

Verdad

Falso

Listas de tipos de datos

En pocas palabras; las listas son tipos de datos que se pueden utilizar para almacenar cualquier tipo y número de variables de información. Para definir sus listas, debe asignarles tipos de posición de esta manera

```
my_list á [item_1, item_2, item_3]
```

Tal vez desee crear una lista vacía, está permitido en Python también de esta manera:

```
my_list á []
```

para una mejor comprensión, vamos a crear una lista de animales:

```
animal ["cabra", "vaca", "cerdo", "perro", "pato", "lagarto"]
```

¿Recuerda cómo se trata la indexación en Python? Bueno, esta es una lista indexada con el primer elemento en animales tiene cero como su índice.

Para acceder al primer elemento de la lista, puede imprimir el animal con el comando:

>>> impresión (animales[0])

Cabra

Para utilizar el comando de impresión para obtener el nombre del tercer color de la lista, puede introducir:

>>> imprimir (animales[4])

Perro

También puedes probarlo con otros tipos de animales.

Para determinar el número de animales de la lista indicada, utilice la función len():

>>> len(animales)

6

Sólo hay seis animales en su lista en total. si por aventura has incluido un elemento impar en tu lista y quieres eliminarlo, usa el método remover() de la función –esto es más aplicable donde los elementos impares son muchos. Para ilustrar esta comprobación:

>>> animals.remove("cabra")

Consulte la lista actualizada con el comando es imprimir:

>>> imprimir (cabra)

['cabra', 'gorrión', 'loro', 'paloma', 'halcón']

En la misma línea, si desea agregar a su lista, utilice el comando append de esta manera:

>>> animals.append("perro")

Ahora acceda a la lista actualizada con el comando de impresión:

>>> impresión (animales)

['cabra', 'gorrión', 'loro', 'paloma', 'halcón', 'perro']

El animal 'perro' fue añadido al final de la lista. Además, si desea insertar la lista entre el elemento que ha enumerado, utilice el método insert() de Python con la sintaxis:

list.insert(index, obj)

El índice y el objeto son los parámetros básicos necesarios aquí. Mientras tanto, index aquí significa la posición particular para el nuevo elemento mientras que el objeto es el propio elemento.

Aplicando las reglas de sintaxis al ejemplo dado arriba, este es el comando:

>>> animals.insert(4, "cat")

Para ver la nueva lista:

>>> impresión (animales)

['cabra', 'gorrión', 'loro', 'gato', 'paloma', 'halcón', 'perro']

Como se señaló desde el principio de este libro, las variables y los tipos de datos de Python proporcionan una lista de claves únicas. El diccionario es importante mientras se codifica, ya que se garantiza una gran cantidad de accesos a los valores. En pocas palabras, un diccionario es una lista más similar que utiliza claves únicas que son inmutables para el tipo de datos en lugar de crear acceso solo a valores. Para separar una clave, utilice dos puntos y enciérrela en un corchete. Compruebe la estructura del diccionario a continuación:

x á key_1 : c, key_2 : d, key_3 : cd?

Mientras tanto, un diccionario vacío tendrá este formato:

x-

Uno de los hechos sorprendentes del diccionario es que se puede utilizar para almacenar y manipular los valores de la clave que están en pares como los del directorio, menú, datos de inicio de sesión o guías telefónicas. Además, es muy posible modificar los datos en el diccionario.

Para entender la estructura de un diccionario y cómo funciona, considere la posibilidad de crear un menú en partes de tambores con sus precios en pares como en:

Utilícelo como en el menú (qué lista) á "base" : 14.40, "snare" : 30, "platillos" : 20 ?

Para los pares clave-valor y cómo se almacenan en el diccionario, utilice la función len() como en:

>>>len(menú)

3

Mediante el comando de impresión para obtener las entradas actuales en el diccionario de menús:

>>> imprimir (menú)

'platillos': 20, 'snare': 30, 'base': 14.40o

Si desea introducir una nueva entrada en el diccionario del menú, puede utilizar este formato:

d[key_4 : b]

Aplicando esta estructura al diccionario de menús, puede agregar la patada de las partes del tambor: 7 con este formato:

menú ["patada"] - 7

Para conseguir el menú actualizado, utilice el comando print:

>>> imprimir (menú)

Usted debe obtener esta cadena desde el principio "base" : 14.40, "patada" : 7, "snare" : 30, "platillos" : 20 ?

Si desea eliminar cualquier elemento de su lista utilizando el comando del de esta manera: (usando la "base" como ejemplo)

>>> del menu["base"]

Para ver la lista modificada después de eliminar el spam:

Esta es la lista que verás obviamente, "patada" : 7, "snare" : 30, "platillos" : 20 ?

Si desea cambiar los valores de cualquiera de las claves, asígnele un nuevo valor utilizando el siguiente comando (utilizando la tecla "snare" como ejemplo que está cambiando de 30 a 25):

>>> menú["snare"] á 25

Acceda al comando de impresión una vez más para ver el menú actualizado:

>>> imprimir (menú)

Esto se mostrará como lista, "patada" : 7, "snare" : 25, "platillos" : 20 ?

Si desea eliminar todas las entradas del diccionario para almacenar otras, utilice la función dict.clear()

Este es el comando:

>>>dict.clear(menú)

Para ver lo que pasó con el diccionario del menú, imprimir como en:

>>> imprimir (menú)

{}

Esto le permitirá almacenar los nuevos datos en el diccionario repitiendo los pasos indicados anteriormente en el diccionario.

En conclusión, hemos tratado las variables, tipos de datos e incluso un diccionario de Python con éxito en este capítulo. Si algo parece absurdo, lo cual no debería, repite los pasos. En el siguiente capítulo se exploran algunos operadores básicos en Python. Además de su funcionalidad, los operadores trabajan de diferentes maneras para diferentes propósitos. La comprensión de estos operadores le dará mejores posibilidades de aplicar sus funciones a otros idiomas relacionados. Acompáñame en el próximo capítulo; dedo cruzado!

Capítulo 6

Operadores esenciales en Python

E l soporte de control de Python es lo que hay que hablar en esta parte. Se le llevará a través de la mayoría de los jefes y operandos dentro de Python. Tener su enorme comprensión apoyará su tratamiento del lenguaje de programación Python como estudiante. hay un montón de jefes utilizados por Python. Son clave ya que se basan en expertos en programación para controlar datos o operandos. Estos son los tipos de ejecutivos compatibles con Python:

- Número Juggling Operadores

- Empresa operadora

- Operadores sociales o de comparación

- Operadores razonables

- Operadores de personajes

- Operadores bit a bit

- Operadores de interés

Ir antes de hacer una inmersión el tratamiento de las autoridades, es necesario comprender que Python funciona notablemente mediante la preparación de verbalizaciones numéricas con sus verdaderas cabezas de cálculo. Usted puede sin un montón de estiramiento hacer intentos de robotizar mandados, por ejemplo, la selección de carga, consejos, puntos de corte, o alquiler. A continuación se acercan los administradores, sus esfuerzos e imágenes (tenga en cuenta que como son actividades sensatas, sus fotos se encuentran en Matemáticas):

La adición une la estimación de los operandos izquierdo y derecho y la imagen es +.

La resta r la estimación del operando derecho de la estimación del operando izquierdo y la imagen es - .

La multiplicación fabrica la estimación del operando izquierdo y derecho y la imagen es x.

La División reparte la estimación del operando izquierdo por el operando de posición preferido y la imagen es .

El modelo realiza un cálculo exponencial % Modulus restablece el resto de la división del operando izquierdo con el operando/denominador derecho y su imagen es xx.

División

Debe ver que los cabezales centrales son resta, punto de referencia, duplicación y división. Se introducen yendo con enunciaciones. Se ordenan exorbitantemente al lado opuesto de sus números decimales limpios. La delineación se da debajo de:

Resta:

>>>50 – 5

45

División:

>>> 25 x5

5

Al utilizar la división, tenga en cuenta que el administrador del módulo da el resto de la división de rendimiento como en:

>>>27 % 5

El denominador restablecerá el resto de la estela de borrar números fragmentarios como en:

>>>23/8

Exponencial

El recuento exponencial se llama elevando el número esencial al poder delineado por el número después del jefe xx:

>>>4 xx 3 4 elevado a la potencia de 81

Aumentar:

>>>6+ 7

13

Adelanto:

>>>5x7

35

Estas actividades deben tener la forma en que se utilizarán en la estrategia de programación. Para ello, se le debe tomar a través de cómo hacer un arreglo sobre su uso. Utilizaremos una estrategia de la ayuda presupuestaria en el atuendo. Compruebe los factores y sus costos debajo:

El gasto del material es de $55.55

La tasa de cargo del plan es del 5,5%

La propina es el 10% de la cena + cargo (tenga en cuenta que su propina depende del costo de la superficie y el cargo adicional de negocios por lo que necesita obtener el total agregado de la información de alimentación y el cargo de negocios.)

Para usarlos, haga que el curso de la tasa de acción y la propina sean accesibles. Para obtener esto, usted debe dar una proporción de su superficie todo lo considerado como en: material $ 55.55

Repartir los dos factores de la estimación decimal de las tasas dadas. Puede hacerlo utilizando 100 como divisor. Para entonces, los configurará de esta manera:

Cargo por curso de acción 5,5/100

además, la punta 10/100

Por un áy, usted debe compensar su total con el costo del comerciante. Una manera de lidiar con el control superior hacer esto es en un nivel muy básico haciendo otra variable para almacenar el costo de escala completa de la superficie y la carga. Otro curso es reasignando la cena variable con el objetivo que almacena las dos características:

Cloth1 - tela2 + tela3 x carga

Puesto que ha reasignado la cena para administrar el costo del evento y la evaluación, está configurado para procesar la propina. Esta vez, puede establecer otra variable para almacenar la estimación de la propina, el aprendizaje de la alimentación y el costo. Se puede utilizar el total variable para mantener todas las características: firme - cena * punta

Aquí está su código para procesar para la factura abrumadora duro y rápido:

Cloth1o 55,55

Cargo por curso de acción 5,5/100

Punta 10/100

tela2o tela3 + tela1 x carga

designa tela3+ x punta

Si está utilizando el ejecutivo de artículo de archivo en IDLE, puede guardar su registro preferido en un nombre de archivo, además, Python incorpora así el avance .py. Como puede haber visto, el administrador de artículos de registro le dará incesantemente la bienvenida para guardar su informe antes de que se ocupe de su código. Muy proporcional a cuando se nombra n.o de otros registros y tipos de datos, debe usar un nombre de archivo que sea fascinante del registro. Para esta circunstancia, un nombre de archivo como Bill Calculator debería funcionar. Para obtener el total, vaya al Shell de Python y escriba completamente:

>>>total

44.58550000000001

A largo plazo tienes la factura entera: 44.58550000000001

Si está utilizando la ventana de rodamientos de línea, puede introducir fundamentalmente el código anterior en una premisa para cada línea. Este programa más importante exhibe lo directo que es Python hacer programas de PC y lo ganador que podría ser en los mandados de motorización. La próxima vez que comas fuera, puedes reutilizar el programa en un sentido general cambiando las cifras de tu factura, incluida la máquina. Piense hacia adelante e imagine lo sólido que podría ser si pudiera poner su código en un programa continuamente reconocible que básicamente le pedirá que ingrese el agregado de factura en lugar de llegar al código básico. Puedes hacerlo con Python.

Empresa operadora

Estos jefes son útiles al confiar en los factores:

Función De Jefes

• se apropia de la estimación del operando derecho en el operando lateral contrario

+- unión y rompedores la estimación de la posición favorable y el operando izquierdo y elimina el total al operando lateral contrario - - restar lo que es más, deduce la estimación del operando derecho de la estimación del operando ignorado y el nuevo principal empuje al operando lateral contrario * , incrementa adicionalmente, amplía el operando izquierdo y derecho y hace la cosa a la pieza de operando lateral contrario, además, desconecta el operando izquierdo con la estimación del operando derecho, lo que es más, supervisa el resto de un tipo xx de operando lateral realiza una mejora exponencial en el operando ignorado y da el resultado al denominador de operando lateral contrario y realiza la división de suelo en el operando izquierdo y asigna el resultado al operando del lado contrario. Operador. Usted ha visto a este ejecutivo en el trabajo en piezas pasadas cuando ha elegido emocionantes subtitulaciones a factores. Puntos de vista:

a c

a b + c

a 8

a 8 + 6

s " Adoro Python."

+ unirse y

El cabezal 'join and' (+) es sólo una técnica aún más para supervisar express x x x + a con el objetivo de que se envuelva con el anuncio x + a. - - restar y el administrador 'subtract and' (-

) se asemeja a la verbalización x x x – y se habla con el in sistence x--a ,*- incremento y el 'incremento y' (*) ejecutivo es lo que puede surgir de la introducción x x * y se habla con x * a. / - parte y el administrador 'aislado y' (/) se ve como la comunicación x x x / an y se habla con el anuncio x/a. % de módulo y el administrador de 'módulo y' (%) es otra forma de tratar con el estado de supervisar x x x % a donde se terminará más bien con la verbalización x% a. / - división de suelo y la 'división de suelo y' es proporcional a la aclaración x x x x / estructura x//a.

Operadores sociales o de comparación

Los ejecutivos sociales revisan los respetos a la izquierda y a la derecha el 50% de la autoridad y devuelven la relación como Verdadero o Falso. Aquí están los jefes sociales en Python:

Significado de jefe

> Es con respecto a

> < no es generalmente

> > es más evidente que

> < no es generalmente o con respecto a

> > es más evidente que o se relaciona con

> !- no se mueve a

Modelos:

>>> 8 ? 6+2

Verdadero

>>> 6 !

Falso

>>> - 1 > 0

Falso

>>> 7 > 5

Verdadero

Operadores reales

Python sostiene 3 jefes de canny: o luego de nuevo además, no x o y Si el conflicto fundamental, x, es falso, para entonces examina el segundo desafío, y. Else, considera x. x y y Si x es falso, por entonces diagramas x. Else , si x es enorme, encuesta y. no x Si x es falso, para entonces devuelve True. En caso de que x sea extenso, devuelve Falso.

Modelos:

>>> (8>9) y (2<9)

Falso

>>> (2>1) y (2>9)

Falso

>>> (2x2) o (9<20)

Afirmó

>>> (3! 3) o (9>20)

Falso

>>> no (8 > 2)

Falso

>>> no (2 > 10)

Afirmó

Necesidad de OPERADORES DE PYTHON

Los administradores de Python son examinados por un conjunto de transacciones o necesidades:

Operadores de Retrato

1 Exponenciación **

2 Complemento, unario lo que es más, también, corto, +, -

3 Aumentar, división, módulo y división de suelo *,/, %,/

4 extensión y resta + -

5 Movimiento bit a bit a la derecha e izquierda >>, <<

6 Bitwise 'AND' y

7 'OR' ordinario y bit a bit explícito 'OR', ?

8 Cabezales de comparación <o < > >

9 Cabezas de Igualdad !

10 Cabezales de asignación, +, - , *-,/, % , **

11 Los jefes de identidad no

12 Los jefes de membresía, no en

13 Lógico

De manera convincente, esta sección ha investigado eficazmente los jefes fundamentales en el lenguaje de programación Python. Con esto, es más probable que confirme que Python es el mejor y por qué están juzgando de nuestras discusiones en el capítulo uno. Esto nos llevará a por qué tienes que ver algunas otras funciones naturales en la programación de Python. Si usted entiende estos grandes, lo más probable es que haga un poco de programación programada por el que la python generará códigos relacionados sí mismo.

Capítulo 7

Funciones integradas de Python

C omo se indicó en el capítulo anterior, las funciones o funciones innatas de Python se discutirán aquí. El objetivo es sacar a relucir las funciones que puede utilizar para producir más productividad. Para empezar, las funciones dan productividad y estructura a un lenguaje de programación. Python tiene numerosos trabajos valiosos en funciones para hacer la programación más simple, más rápida y aún más dominante.

La función info()

Los proyectos normalmente requieren una entrada que pueda surgir de varias fuentes: consola, clics del ratón, base de datos, almacenamiento de otro PC o la web. Dado que la consola es el enfoque más ampliamente reconocido para acumular entrada, Python dio a sus clientes el trabajo information(). Esta función tiene un parámetro discrecional denominado cadena breve.

Cuando se llama al trabajo de información, la cadena breve se mostrará en la pantalla y la secuencia del programa se detendrá hasta que el cliente haya introducido una información. A continuación, se descifra la información y el trabajo info() restaura la contribución del cliente como una cadena.

Para representar, aquí hay un programa de ejemplo que recopila la contribución de la consola para el nombre y la edad:

nombre : input("¿Eres Sam? ")

print("Es mi placer " + nombre + "!")

print("artículo " + corchete de edad + " la longitud, " + el nombre de la persona + "!")

Antes de ahorrar el código, investigue la cadena que se va a imprimir en la segunda línea.

Verá que hay un espacio libre después de 'usted' y antes de la doble instrucción. Este espacio garantiza que habrá un espacio entre 'usted' y la entrada 'nombre' cuando se ejecute la dirección de impresión. Un espectáculo similar se puede ver en la cuarta línea con el orden de impresión donde 'you're' está aislado por un espacio solitario de la información 'edad' y 'viejo' está aislado por un espacio de la entrada 'nombre'.

Perdone el código como info_input.py y ejecútelo.

Python Shell mostrará la cadena en la línea principal:

¿Eres Sam?

Se requiere una reacción ahora y el programa deja de ejecutarse hasta que se adquiere una entrada de consigna. ¿Qué tal si escribimos e ingresamos el nombre Jeff para percibir lo que ocurre:

¡Es un placer, Sam!

No te importa decir tu edad.

El programa ha continuado con el siguiente trabajo de información y está colgando apretado para la entrada de la consola. ¿Qué tal si ingresamos 22 como la edad de Jeff y vemos lo que hace el programa de inmediato:

De esta manera, ¡tienes 22 años, Sam!

El programa imprimió la cadena keep going en el programa después de que se adquirió una reacción de consola. Aquí está todo el rendimiento en el Shell de Python:

¿Eres Sam?

¡Es un placer, Sam!

Tu edad, si no te importa 22

¡Así que tienes 22 años, Sam!

El trabajo range()

Python tiene un enfoque progresivamente eficaz para hacer frente a una progresión de los números y los movimientos de conversión de números y esto es mediante el uso de uno de su trabajo en funciones: extend(). El trabajo de rango es especialmente valioso en 'para círculos'. Aquí está un caso del trabajo range():

>>> rango(5)

rango(0, 5)

El intervalo de instrucciones (5) anterior crea un iterador que avanza los números desde cero y termina con 4 (5-1). Para demostrar el agotada de los números, puede utilizar la lista de direcciones (rango(n)):

>>>list(range(5))

[0, 1, 2, 3, 4]

Puede practicar más comando sobre el rendimiento de rencor llamando al range() trabajar con dos argumentos:

ejecución (inicio, fin)

Precedente:

>>> rango(5, 9)

rango(5, 9)

Para demostrar la ralla hacia:

>>> lista (rango(5, 9))

[5, 6, 7, 8]

Las instancias anteriores de range() exhibieron un aumento de 1. Puede cambiar la forma en que Python aumenta el número presentando un tercer argumento, el 'progreso'. Muy bien puede ser un número negativo o positivo, sin embargo nunca cero. Aquí está la configuración:

rango (comienzo, fin, paso)

Precedente:

>>> rango(10, 71, 5)

rango(10, 71, 5)

Lista de conjuros, veremos esta disposición de números:

>>> lista (rango(10, 71, 5))

[5, 20, 35, ...]

La función print()

Python 3 desvió la impresión de un anuncio a una función. Por lo tanto, debe encerrar de forma fiable los parámetros de impresión dentro de los gabinetes redondos.

Precedentes:

print("Esta es la función de impresión de Python 3")

impresión(es)

impresión(5)

La función print()puede imprimir cualquier número de cualidades dentro de los corchetes; deben ser aislados por comas. Por ejemplo:

a 3,14

b - "edad"

c a 32

print("a ", a, b, c)

El resultado:

a 3,14 años 32

El shell de Python mostraba valores con espacios claros entre ellos.

abs()

El trabajo abs() restaura la estimación total de un número solitario. Toma un número entero o un número de boya como argumento y restaura de manera confiable una estima positiva.

Modelos:

>>> abs(- 10)

10

>>> abs(5)

10

En el momento en que se utilizan números complejos como argumento, el trabajo abs() restaura su extensión:

>>> abs(3 + 4j)

5.0

max()

El trabajo maximum() toma al menos dos Argumentos y devuelve el más grande.

Modelos:

>>> max(9, 12, 6, 15)

15

>>> max(- 2, - 7, - 35, - 4)

- 2

min()

El trabajo min() toma al menos dos argumentos y devuelve la cosa más pequeña.

Modelos:

>>> min(23, - 109, 5, 2)

- 109

```
>>> min(7, 26, 0, 4)

0
```

tipo()

El trabajo sort() restaura el tipo de información del argumento dado.

Modelos:

```
>>> type("This is a string")

<clase 'str'>

>>> tipo(12)

<clase 'int'>

>>> tipo(2 +3j)

<clase 'complejo'>

>>> tipo(215.65)

<clase 'float'>
```

len()

El trabajo len() restaura la longitud de un artículo o la cantidad de cosas en un desuso dado como Argument.

Precedentes:

```
>>> len("pneumonoultramicroscopicsilicovolcanoconiosi")
```

44

>>> s ("winter", "spring", "summer", "fall")

>>> len(s)

4

Aquí está un adelanto de Phyton trabajado en funciones:

abs() all() any()

ascii() canister() bool()

bytearray() bytes() callable()

chr() classmethod() gather()

complex() delattr() dict()

dir() divmod() identify()

eval() executive() channel()

drift() position() frozenset()

getattr() globals() hasattr()

hash() help() hex()

id() __import__() input()

int() isinstance() issubclass()

iter() len() list()

local people() map() max()

memoryview() min() next()

object() oct() open()

ord() pow() print()

property() go() repr()

vuelta () round() set()

setattr() cut() arranged()

staticmethod() str() whole()

super() tupla() tipo()

vars() zip()

Para redondear este capítulo se dará cuenta de que la parte final sólo da sintaxis sin códigos reales; esto le deja insertarlos como una forma de asignación. Si no entiendes nada, vuelve al principio de este capítulo y ejecuta tus códigos. Después de haber dado estas funciones en-built en Python, se le llevará a través de las instrucciones condicionales en Programación de Python. Hay que tener en cuenta que no hay ningún idioma sin condicionales, incluso el inglés tiene el "si" y otros condicionales. ¡Ve conmigo al siguiente capítulo a continuación!

Capítulo 8

Condicionales de Python

En este capítulo, se le llevará a través de instrucciones condicionales que puede usar para causar algunas modificaciones durante la programación. Debido a su importancia que realmente no se puede ver teóricamente, sino en su uso. Las instrucciones condicionales son básicas entre los dialectos de programación y se utilizan para realizar actividades o cálculos que dependen de si una condición se evalúa como evidente o falsa.

En la declaración if-then-else, las explicaciones o declaraciones restrictivas son aspectos básicos de la programación de dialectos y hacen que los programas sean progresivamente útiles para los clientes. La instrucción if else en Python tiene la estructura fundamental adjunta:

Si condición1:

block1_statement

condición delif2:

block2_statament

Más:

block3_statement

Esta estructura se evaluará/imprimirá como:

Si condition1 es True, Python ejecutará block1_statement. Si condition1 es False, se ejecutará condition2. Si condition2 se evalúa como verdadera, se ejecutará block2_statement. Si condition2 termina siendo Falso, Python ejecutará block3_statement. Para representar, aquí está una explicación if else trabajado dentro de la función 'el _hope':

def the_hope(answer):

si responde > 5:

print("El mejor mundo.")

respuesta elif <-5 y respuesta >1:

print("¡Esto es Press club!")

Más:

print("Usted es el mejor de la tierra.")

print(the_hope(6))

```
print(the_hope(3))

print(the_hope(1))

print(the_hope(0))
```

Obtendrá este rendimiento en el Shell de Python desde su extremo:

El mejor mundo.

Ninguno

¡Esto es el club de prensa!

Ninguno

Eres el mejor del mundo.

Ninguno

Eres el mejor del mundo.

Ninguno

Tenga en cuenta que las instrucciones condicionales pueden afanarse a diferentes ramas 'elif', pero solo pueden tener una rama 'else' hacia el final. usando un código similar obstruyéndose, otra declaración elif podría estar incrustada para dar cabida a individuos especiales del club de prensa: niños de varios años. def the_hope(answer):

si responde > 5:

```
print("El mejor mundo.")

respuesta elif <-5 y respuesta >2:

print("¡Esto es Press club!")

respuesta elif 2:

print("¡Esto es Press club!")

Más:

print("Usted es el mejor de la tierra.")

print(the_hope(6))

print(the_hope (3))

print(the_hope (1))

print(the_hope (0))

print(the_hope (2))
```

El mejor mundo.

Ninguno

¡Esto es el club de prensa!

Ninguno

Eres el mejor del mundo.

Ninguno

Eres el mejor del mundo.

Ninguno

¡Esto es el club de prensa!

Ninguno

Las declaraciones IF

En términos sencillos, la explicación de Python si elige actividades para realizar y ejecutar. Junto con su compañero de apariencia, es el instrumento de determinación esencial en Python y habla de una parte significativa de la lógica que tiene un programa Python. También es nuestra primera declaración compuesta. Al igual que todas las explicaciones compuestas de Python, la declaración if puede contener instrucciones diferentes, incluidas diferentes incertidumbres. La verdad sea dicha, Python le da la oportunidad de unir declaraciones en un programa consecutivamente (con el objetivo de que se ejecutan en una progresión constante), y en un diseño subjetivamente establecido (por lo que se ejecutan sólo bajo condiciones específicas, por ejemplo, elecciones y círculos) .

El formato general de la declaración IF

La declaración if de Python se ejecuta en el molino de instrucciones if en la mayoría de los dialectos de procedimiento. Aparece como una prueba if, arrastrada por al menos una prueba discrecional de elif ("si") y un último cuadrado elif discrecional.

Las pruebas y la parte else tienen cada una un cuadrado relacionado de declaraciones liquidadas, con sangría bajo una línea de encabezado. Siempre que se ejecuta la declaración if, Python ejecuta el cuadrado de código relacionado con la prueba principal que evalúa a genuine, o el else square si todas las pruebas refutan. El tipo general de una explicación if se asemeja a esto:

Condicionaltest1: si la prueba

declaraciones1 - Cuadrado asociado

prueba de elif2: - Elifs opcionales

declaraciones2

212

otra cosa: • Opcional otra persona

declaraciones3

Ejemplos esenciales

Para ilustrar, debemos echar un vistazo a un par de casos sencillos de la declaración if en el trabajo. Todas las partes son discrecionales, aparte de la prueba if subyacente y sus declaraciones relacionadas. En esta línea, en el caso más sencillo, se excluyen diferentes partes, echa un vistazo a esto:

>>> si 1:

... print('true')

... Genuino

Observe cómo cambia el breve a ... para las líneas de continuación cuando se está componiendo intuitivamente en la interfaz fundamental utilizada aquí; en IDLE, básicamente bajarás a una línea con sangría en lugar de (golpear backspace para hacer una copia de seguridad). Una línea clara (que puede obtener haciendo clic en el botón Intro dos veces) finaliza y ejecuta toda la declaración. Tenga en cuenta que 1 es booleano válido (como veremos más adelante, la palabra True es su idéntica), por lo que esta prueba de la instrucción actual 's se realiza continuamente correctamente. Para tratar con un resultado falso, el código el otra será:

>>> si no 1:

... print('true')

... Más:

... print('false')

... Falso

Ramificación de multivias

Tiene que entender una manera en que puede ejecutar sus instrucciones if y condicionales juntos. En la actualidad aquí hay un caso de una explicación progresivamente impredecible si, con todas sus partes discrecionales presentes:

```
>>> x á 'reino animal'

>>> si x 'jack':

... print("mirar muy bien")

... elif x 'león':

... print("¿Cómo están?")

... Más:

... print('Ejecutar para su vida querida!')

... ¡Corre por tu querida vida!
```

Esta declaración multilínea se extiende desde la línea if a través del cuadrado establecido bajo else. En el momento en que se ejecuta, Python ejecuta los anuncios establecidos en la prueba principal que es válida o la parte else si todas las pruebas son false (en este modelo, lo son). En términos generales, tanto las partes elif como las de más partes pueden descartarse, y puede haber más de una instrucción asentada en cada área. Tenga en cuenta que las palabras if, elif y else están relacionadas por la forma en que se alinean verticalmente, con un espacio similar. En la condición if de que has usado dialectos como C o Pascal, es posible que te intensifique darte cuenta de que no hay ninguna instrucción switch o case en Python que elija una actividad dependiente de la estima de una variable. Más bien, en su mayor parte código multiway fanning como una progresión de pruebas if/elif, como en el precedente anterior, y de vez en cuando mediante el orden de referencias de palabras o la búsqueda de registros. Dado que los léxicos y registros se pueden trabajar en tiempo de ejecución de forma eficaz, ahora y de nuevo son más adaptables que los codificados de forma rígida si son racionales en su contenido:

>>> Decisión á 'swing'

>>> print('leave'): 5.75, á Una referencia de palabra basada en 'switch'

... 'swing': 2.00, á Use has_key u obtenga por defecto

... 'pescado': 1,99,

... 'cabra': 1.20o[elección])

2.00

A pesar del hecho de que esto podría tardar un par de minutos en empaparse en la primera ocasión en que lo ves, esta referencia de palabra es una rama multivía, ordenando en las ramas clave de decisión a una de muchas estimas, al igual que un interruptor en C. Un Python prácticamente igual, sin embargo, cada vez más detallado si la declaración puede parecerse a la que lo acompaña:

>>> si la decisión 'dejar': - La declaración idéntica if

```
... impresión(5.75)

... decisión elif 'swing':

... impresión(2.00)

... decisión de elif 'pescado':

... impresión(1.20)

... decisión elif 'cabra':

... impresión(3.00)

... Más:

... print('decisión desagradable')

... 1.99
```

A pesar del hecho de que tal vez sea progresivamente claro, el inconveniente potencial de un si como este es, tímido de construirlo como una cadena y ejecutarlo con instrumentos como el ejecutivo, no se puede desarrollar en tiempo de ejecución tan eficazmente como una referencia de palabra. En proyectos cada vez más singulares, las estructuras de información ofrecen la adaptabilidad.

Tratar con los valores predeterminados del interruptor

En un intento de tratar con los valores predeterminados del conmutador, observe la disposición else en el if aquí para tratar la situación predeterminada cuando no hay coincidencias de clave. Los valores predeterminados de referencia de Word se pueden codificar dentro de instrucciones, obtener llamadas técnicas o exenciones obteniendo con la declaración de intento presentada. La mayoría de los procedimientos similares se pueden usar aquí para codificar una actividad predeterminada en una rama multidireccional basada en referencia de palabras. Como una encuesta con respecto a este caso de utilización, aquí está la gráfica de obtención en el trabajo con los valores predeterminados:

>>> rama "dejar": 5.75,

... 'swing': 1.99,

... 'huevos': 0,99o

>>> print(branch.get('leave', 'Decisión imprevista'))

5.75

>>> print(branch.get('cabra', 'Decisión imprevista'))

Decisión imprevista

Una prueba de inscripción en una declaración if puede tener un impacto predeterminado similar:

>>> Decisión á 'cabra'

>>> si decisión en la rama:

... print(branch[decision])

... Más:

... print('Mala decisión')

... Decisión imprevista

Además, la instrucción attempt es un método general para tratar los valores predeterminados obteniendo y cuidando las exenciones que tendrían otra cosa:

>>> intento:

... print(branch[decision])

... aparte de KeyError:

... print('Mala decisión')

... Terrible decisión

Tratar con actividades más grandes

Las referencias de palabras son útiles para las estimas de los socios con las claves, sin embargo, ¿no debería decirse algo acerca de las actividades más confusas que puede codificar en los cuadrados de anuncio relacionados con las declaraciones if? Descubrirá que los léxicos también pueden contener funciones para hablar con actividades de bifurcación cada vez más complejas y ejecutar tablas de rebote generales. Tales funciones se muestran como estimas de léxico, pueden codificarse como nombres de función o lambdas en línea, y se llaman agregando corchetes para desencadenar sus actividades. Aquí hay un ejemplo único, sin embargo, manténgase atento después de que nos hayamos familiarizado con una definición de función:

trabajo def(): ...

def default(): ...

rama á'leave': lambda: ..., á una tabla de objetos de función invocables

'swing': trabajo,

'pescado': lambda: ....

branch.get(choice, default)()

A pesar del hecho de que la difusión multivía basada en léxico es útil en proyectos que administran información progresivamente única, la mayoría de los ingenieros de software presumiblemente encontrarán que la programación de una declaración if es el enfoque más claro para realizar el estiramiento multivía. Como pauta estándar en la programación, si todo lo demás falla, decidir en favor de la sin esfuerzo y la lucidez; es la manera "Pythonic".

¡Wow! Se está poniendo interesante, espero que haya seguido sus pasos con el software práctico; nunca leer sin ejecutar el código usted mismo. Este capítulo ha explorado groseramente las instrucciones condicionales en Python; normalmente se utilizan para marcar el código. Es hora de trabajar en ti mismo como programador. Sí, ahora eres programador. En trabajar en ti mismo, el próximo capítulo tiene mucho para ti. ¡Disfrutar!

Capítulo 9

Bucles en Python

While Loops

La declaración while de Python es la más amplia construcción de énfasis en el lenguaje. En términos directos, más de una vez ejecuta un cuadrado de instrucciones (normalmente con sangría) siempre y cuando una prueba en la parte superior continúe evaluando a la estima genuina. Se conoce como un "círculo" ya que el control se mantiene dando vueltas hasta el comienzo del anuncio hasta que la prueba resulta ser falsa. Cada vez que la prueba resulta ser falsa, el control va a la explicación que persigue el cuadrado while. El impacto neto es que el cuerpo del círculo se ejecuta una y otra vez mientras que la prueba en la parte superior es válida. Si la prueba es falsa independientemente, el cuerpo nunca se ejecuta y se omite la declaración while.

Formato general

En su estructura más alucinante, la definición while comprende una línea de encabezado con una instrucción de prueba, una colección de al menos una explicación con sangría regular y una parte discrecional de otra cosa que se ejecuta si el control sale del círculo sin un descanso declaración que se está experimentando. Python continúa evaluando la prueba en la parte superior y ejecutando los anuncios asentados en el cuerpo hasta que la prueba restaura la estima falsa:

mientras que la prueba: - Prueba de bucle;

declaraciones - Cuerpo de bucle

otra cosa: • Opcional otra persona

declaraciones - Ejecutar si no saldó del círculo con un descanso

Precedentes

Para delinear, debemos echar un vistazo a un par de círculos básicos en la vida real. La principal, que comprende una declaración impresa asentada en algún círculo de tiempo, simplemente imprime un mensaje para la eternidad.

Genuino es sólo una forma personalizada del número 1 y representa confiablemente la estima genuina booleana; ya que la prueba es en todos los casos genuina, Python continúa ejecutando el cuerpo siempre, o hasta que detenga su ejecución. Este tipo de conducta normalmente se llama un círculo sin límites, no es por ningún tramo de la imaginación eterna, sin embargo, es posible que necesite una mezcla de teclas Ctrl-C para terminar persuasivamente uno:

>>> mientras que True:

... print('Escriba Ctrl-C para detenerme!')

El siguiente modelo continúa cortando el carácter principal de una cadena hasta que la cadena no se rellena lo que es más, a partir de ahora false. Es común probar un elemento de forma sencilla como este en lugar de usar el comparable más detallado (mientras que x !':). Más adelante en esta sección, veremos diferentes enfoques para recorrer las cosas en una cadena de forma más eficaz con un círculo.

>>> x á 'spam'

>>> mientras que x: - Mientras que x no está vacante

... print(x, usando esto como end' ')

... spam

Tenga en cuenta la palabra clave end' ' '. Argumento utilizado aquí para poner todos los rendimientos en una línea similar aislada por un espacio. Esto puede dejar su información breve en un estado extraño hacia el final de su rendimiento; Escriba Intro para restablecer. Python 2.X 'lectores': también asegúrese de utilizar una coma final en lugar de un final en las impresiones de esta manera.

El código adjunto cuenta desde la estimación de un hasta, pero excluyendo, b. Además, observaremos un método más sencillo para hacer esto con un círculo de Python para y el rango inherente funciona más adelante:

```
>>> a-0; b-10
```

```
>>> mientras que a < b: - Un enfoque de los círculos del contador de código
```

```
... impresión(a)
```

```
... a + 1
```

Por último, vea que Python no tiene lo que unos pocos dialectos llaman una instrucción de círculo "hacer hasta". Sin embargo, podemos recrear uno con una prueba y romper en la base del cuerpo del círculo, por lo que el cuerpo del círculo se mantiene confiablemente funcionando en cualquier caso una vez:

```
mientras que True:
```

```
... cuerpo del círculo...
```

Si ese exitTest(): break

Para ver completamente cómo funciona esta estructura, tenemos que proceder al siguiente segmento y familiarizarnos con la declaración de interrupción; romper, proceder, pasar, y el bucle más Puesto que hemos visto un par de círculos de Python en la vida real, es una oportunidad ideal para investigar dos declaraciones básicas que tienen una razón justo cuando se establecen dentro de círculos: la ruptura y proceder con las declaraciones. Mientras estamos echando un vistazo a los desviados, también meditaremos en el círculo más disposición aquí a la luz del hecho de que está entrelazado con break, y la declaración de marcador de posición sin rellenar de Python, pase (que no está unido a los círculos en esencia, sin embargo, cae en la clasificación general de las explicaciones directas de una sola palabra). En Python:

Romper

Saltos del círculo de envoltorio más cercano (más allá de toda la declaración del círculo)

Proceder

Salta al punto más alto del círculo de encolado más cercano (a la línea de encabezado del círculo)

<u>Pasar</u>

No hace nada de ninguna manera: es un marcador de posición de declaración vacante

<u>Círculo else cuadrado</u>

Se ejecuta si y sólo si el círculo se deja normalmente (es decir, sin golpear un descanso)

Formato de bucle general

Teniendo en cuenta en pausa y proceder con las declaraciones, la organización general del círculo while se ve así:

durante la prueba:

Declaraciones

si la prueba: romper - Salir círculo actualmente, saltar otro si está presente

si la prueba: proceder á Ir a la parte superior del círculo ahora, a probar1 más:

declaraciones: Ejecutar si no hemos alcanzado una pausa de "ruptura" y proceder con las declaraciones pueden aparecer en cualquier lugar dentro del cuerpo del círculo while (o para) , sin embargo, generalmente se codifican adicionalmente en una prueba if para hacer un movimiento en consecuencia a alguna condición.

¿Qué tal si nos acercamos a un par de guías sencillos para percibir cómo estos anuncios se encuentran en la práctica?

Pasar

Las cosas básicas primero: la explicación de pase es un marcador de posición sin actividad que se utiliza cuando la estructura linguística requiere un anuncio, pero no tiene nada valioso para el estado. Normalmente se utiliza para codificar un cuerpo vacante para una declaración compuesta. Por ejemplo, si necesita codificar un círculo ilimitado que no hace nada cada vez, hála con un pase:

mientras que True: pase!

Dado que el cuerpo es sólo una explicación sin rellenar, Python se detiene en este círculo. pasar es generalmente a las declaraciones como Ninguno es a los objetos, una nada inequívoca. Observe que aquí el cuerpo del círculo while está en una línea similar a la del encabezado, después de los dos puntos; como con las explicaciones, esto posiblemente funciona si el cuerpo es algo más que una declaración compuesta.

Este modelo no hace nada hasta el final de los tiempos. Se supone que no es el programa Python más valioso en cualquier punto compuesto (excepto si necesita calentar su teléfono de la estación de trabajo un día de invierno virus!); para ser perfectamente honesto, sin embargo, no podía pensar en un precedente de pase superior ahora en el libro.

Veremos diferentes lugares donde pasan los augurios mucho más tarde, por ejemplo, para pasar por alto casos especiales obtenidos por declaraciones de intento, y para caracterizar objetos de clase vacíos con cualidades que actúan como "estructuras" y "registros" en diferentes dialectos. Un pase se codifica adicionalmente en algún momento para significar "rellenar más tarde", para eliminar los grupos de funciones de forma incidental:

```
def func1():
```

aprobar á Añadir código genuino aquí más tarde

```
def func2():
```

Pasar

No podemos dejar el cuerpo vacío sin que se nos toque una estructura del lenguaje, así que afirmamos que nos vamos.

Nota de sesgo de copia: Python 3.X (todavía no 2.X) permite círculos codificados como ... (en verdad, tres dabs continuos) para parecer donde una declaración puede. Puesto que los óvalos no hacen nada sin la entrada de otra persona, esto puede rellenarse como una opción en contraste con la instrucción pass, particularmente para que el código se rellene más adelante, una especie de Python "TBD":

def func1():

... • Alternativa para pasar

def func2():

... func1() - No hace nada cuando se llama

Los círculos también pueden aparecer en una línea similar como un encabezado de anuncio y se pueden utilizar para instater nombres de variables si no se requiere ninguna ordenación en particular:

def func1(): ... • Funciona en la misma línea también

def func2(): ...

>>> X - ... - Alternativa a ninguno

>>> X

Puntos suspensivos

Esta documentación es nueva en Python 3.X, y va muy por encima del primer propósito de ... en el aumento de corte - por lo que la realidad de la situación se hará evidente con el tiempo si termina lo suficientemente ilimitado para desafiar el paso y Ninguno en estos trabajos.

Proceder

El procedimiento con la explicación hace que un prompt rebote el punto más alto de un círculo. Añade parte del tiempo le da la oportunidad de mantenerse alejado de la liquidación de la declaración. El siguiente precedente se utiliza para seguir bordeando números impares. Este código imprime todos los números por debajo de 10 y más prominente que o equivalente a 0. Tenga en cuenta, 0 implica false y % es el resto del administrador de división (módulo), por lo que este círculo cuenta hasta 0, omitiendo números que no son productos de 2— imprime 8 6 4 2 0:

x á 10

mientras que x:

x x x-1

<u>print(x, end" ')</u>

Puesto que proceder con saltos al punto más alto del círculo es el siguiente, no tiene que resolver la explicación de impresión aquí dentro de una prueba if; la impresión es posiblemente llegar a si el procedimiento no se ejecuta. Si esto suena como un "ir a" en diferentes dialectos, debería. Python no tiene ninguna explicación de "ir a", pero ya que proceder con le da la oportunidad de rebotar en un programa, un gran número de las amonestaciones sobre la inteligibilidad y viabilidad que puede haber descubierto acerca de "ir a" aplicar. Procede presumiblemente debe usarse con moderación, especialmente cuando se está empezando inicialmente con Python. Por ejemplo, el último modelo puede ser más claro si la impresión se ha liquidado en el valor if:

x á 10

mientras que x:

x x x-1

si x % 2 a 0: ¿Incluso? - impresión

print(x, end" ')

<u>Romper</u>

La instrucción break provoca una salida rápida de un círculo. Dado que el código que lo sigue es experto en información privilegiada no se ejecuta si se logra la interrupción, también puede abstenerse en algunos casos de establecerse mediante la inclusión de un descanso. Por ejemplo, aquí hay un círculo intuitivo sencillo que introduce información con información y se desvía cuando el cliente entra en "stop" para la demanda de nombre:

>>> mientras que True:

... nombre: input('Enter_name:')

... si ese nombre es 'stop': break

... edad : entrada('Introducir edad: ')

... print('Hola', nombre, ">', int(edad) ** 2)

... Introduzca el nombre: bob

Ingrese la edad: 40 años

Hola rebote > 1600

Introduzca el nombre: sue

Ingrese la edad: 30 años

Hola sue > 900

Introduzca el nombre: stop

Observe cómo este código cambia a lo largo de la contribución de edad a un número entero con int antes de elevarlo a la segunda potencia; como va a revisar, esto es vital a la luz del hecho de que la entrada devuelve la contribución del cliente como una cadena. Verá que la entrada también genera un caso especial al final del documento (por ejemplo, si el cliente escribe Ctrl-Z en Windows o Ctrl-D en Unix); si esto se trata, incluya la contribución de las declaraciones de intento.

Loop else

En el momento en que se une con el círculo else proviso, la instrucción break puede eliminar con frecuencia el requisito de los banners de estado de caza utilizados en diferentes dialectos. Por ejemplo, el bit de código que lo acompaña decide si un número positivo y es primo mediante el análisis de variables más prominentes que 1:

$x = y/2$

mientras que x > 1:

si y % x á 0:

print(y, 'has factor', x)

descanso - Saltar otra cosa

x - 1

otra cosa: - Salida normal

```
print(y, 'is prime')
```

En lugar de establecer un banner que se probará cuando se deja el círculo, incrusta una rotura donde se encuentra un factor. En esta línea, la disposición circle else puede esperar que se ejecute solo si no se encuentra ningún factor; si no llegas al descanso, el número es primo. Siga a través de este código para percibir cómo funciona.

La disposición circle else se ejecuta igualmente si el cuerpo del círculo nunca se ejecuta, ya que tampoco se ejecuta una pausa en esa ocasión; en algún círculo de tiempo, esto ocurre si la prueba en el encabezado es falsa en cualquier caso. En consecuencia, en el precedente anterior a pesar de todo lo que se obtiene el mensaje "es primo" si x al principio no es exactamente o equivalente a 1 (por ejemplo, si y es 2).

Este modelo decide primos, pero simplemente así. Los números menores de 2 no son vistos como primos por la definición científica severa. Para ser extremadamente meticuloso, este código también se abre para los números negativos y prevalece para los números de punto de deslizamiento sin dígitos decimales. Además, tenga en cuenta que su código debe usar/en lugar de/en Python 3.X a la luz de la reubicación de/a "división genuina", (necesitamos la división subyacente para truncar los restos, no mantenerlos!). Si necesita explorar diferentes vías con respecto a este código, asegúrese de ver la actividad que lo encierra mediante una función para su reutilización.

En conclusión, hemos discutido con éxito los bucles en Python. Esto ha hecho que su trabajo sea más fácil como programador. Lo siguiente que hay que discutir son las funciones de la programación de Python. El siguiente capítulo es más para usted como programador que la programación en sí. Vamos a acariciamos el conocimiento a continuación.

Capítulo 10

Las funciones caracterizadas por el usuario en la programación de Python

Una de las mayores importancias de Python son las funciones fáciles de usar. Dentro de Python, una función fácil de usar es una gran cantidad de declaraciones que reproducen una empresa en particular - un componente de organización típico que le permite utilizar un poco de código una y otra vez en varias partes de un programa. El uso de funciones mejora la lucidez y la comprensiabilidad de un programa y hace que la programación sea progresivamente efectiva al disminuir la duplicación de código y separar tareas complejas en piezas cada vez más sensatas. funciones se denominan de otro modo programaciones, subrutinas, estrategias, métodos o subprogramas. Pueden pasarse como argumentos, se pueden llevar a factores o guardarse envueltos en acumulaciones. Una obra python caracterizada por el cliente se realiza o caracteriza por la declaración def y persigue la estructura de la oración:

def function_name(lista de parámetros):

Cuerpo de función/Explicaciones

Las declaraciones con sangría componen el cuerpo de la función y se ejecutan cuando se llama a la función. Cuando se llama a la función, los parámetros dentro de las secciones redondas se convierten en Argumentos. los cuerpos de función pueden tener más de una instrucción return que podría establecerse en cualquier lugar dentro del cuadrado de la función. Las instrucciones Return finalizan la llamada de función y devuelven la estimación de la instrucción después de la consigna de llegada. Una declaración de llegada sin declaración restaura la estima única 'Ninguno'. Sin una declaración de llegada dentro del cuerpo de la función, el acabado de la función se muestra por la llegada de la estima 'Ninguno'. La docstring es una explicación discrecional después del título de la función que aclara lo que hace la función. Aunque no es necesario, informar del código con una docstring es una práctica de programación decente. Aquí hay una función básica que imprime me encanta Pizza!

```
def love_pizza():
```

```
imprimir "I cherish Pizza!"
```

Aquí está una función con un parámetro y devolver la consigna:

```
def absolute_value(number):
```

```
si el número > 0:
```

número de devolución

Más:

devolución - número

print(absolute_value(8))

print(absolute_value(- 7))

En el modelo anterior, number es el parámetro de la función absolute_value. Va como un nombre de variable y contiene la estimación de un go en Argument. Aquí está el resultado cuando se ejecuta el código anterior:

8

-7

La siguiente es una función con una explicación if else da:

apagado def (yn):

si yn.lower() á "y":

return("Cierre de raspaduras y cierre")

elif yn.lower() á ("n"):

return("Shutdown dropped")

Más:

return("Por favor, compruebe su reacción.")

```
print(shutdown("y"))

print(shutdown("n"))

print(shutdown("x"))
```

Python Shell mostrará:

Cierre de rasguños y cierre

Apagado caído

Si no es demasiado problema, revisa tu reacción.

función puede tomar más de un parámetro y utilizarlos para los cálculos:

```
calculadora def (x, y): retorno x * y + 2

print(calculador(3,2))

print (calculador(4,6))
```

Ejecute el código y obtendrá el rendimiento:

8

26

funciones pueden llamar a diferentes funciones

Las funciones pueden realizar varios tipos de actividades, por ejemplo, realizar cálculos sencillos e imprimir contenido. También pueden llamar a otra función. Por ejemplo:

```
def members_total(n):

retorno n * 3

def org_total(m):

return members_total(m) + 5
```

Para percibir lo que hace el código, introduzca las instrucciones de impresión que lo acompañan:

```
print(org_total(4))

print(org_total(8))

print(org_total(5))
```

Obtendrá estos resultados:

```
17

29

20
```

Extensión y vida útil de una variable de vecindad

La extensión de una variable alude a los segmentos de un programa donde se percibe. Los factores y parámetros caracterizados dentro de una función tienen una extensión cercana y no se notan desde fuera de la función. Por otra parte, la vida útil de una variable alude a su tiempo de presencia en la memoria. Su duración se corresponde con la ejecución de una función que se cierra cuando se vuelve de la función. La estima de una variable se elimina una vez que se llega a la llegada y el trabajo no lo más probable es que revise una variable es un incentivo de su estima pasada.

Para finalizar este capítulo, ha visto la vista del programador o del usuario del lenguaje Python. Estoy seguro de que estará de acuerdo conmigo si dije que Python es el mejor lenguaje de programación. Entre todas las cuotas, ha visto la forma en que funcionan las extensiones en Python. En este siguiente capítulo, se le llevará a través de cómo agrupar en Python. La agrupación es necesaria porque cuando está programando listas de complejos relacionados, no necesitará diferenciarlas realmente. Lo único que hay que hacer es usar la automatización de clases. Esto es increíble, ¿verdad? Pasemos al siguiente capítulo.

Capítulo 11

Clases y programas arreglados de elementos en Python

En este capítulo, se le llevará a través de cómo 'clase' es decir, agrupar elementos en Python. Esto es esencial porque tendrá que agrupar las palabras que se supone que se enumeran. Python es un lenguaje de programación situado en un artículo, lo que implica que controla y funciona con estructuras de información llamadas objetos. Los artículos pueden ser cualquiera que se pueda nombrar en Python: números, funciones, skim, cadenas, clases, técnicas, etc. Estos elementos tienen un estado equivalente en Python. Se pueden utilizar en cualquier lugar donde se requiera un artículo. Puede relegarlos a factores, registros o referencias de palabras. También se pueden pasar como argumentos. Cada objeto Python es una clase. Una clase es esencialmente un método para ordenar, supervisar y crear objetos con propiedades y técnicas similares.

En este libro, las funciones de Python son significativamente más que determinaciones de edad de código para un compilador: las funciones de Python son artículos fuera, en fragmentos de memoria propios. Teniendo en cuenta todas las cosas, pueden pasarse desinhibidamente alrededor de un programa y llamarse de una manera rotonda.

Además, apoyan actividades que tienen poco que ver con las llamadas por cualquier tramo de la imaginación: almacenamiento de calidad, lo que es más, comentario. Dado que las funciones de Python son objetos, puede componer programas que los producen de forma convencional.

Los artículos de función pueden ser relegados a diferentes nombres, ir a diferentes funciones, insertarse en estructuras de información, volvió a partir de una función y luego en la siguiente, y el cielo es el límite desde allí, como si fueran números básicos o cadenas. Las protestas de función también suceden para ayudar a una tarea única: se pueden llamar mediante la publicación de argumentos entre corchetes después de una instrucción de función.

Teniendo en cuenta todas las cosas, las funciones tienen un lugar con una clasificación general similar a los diferentes artículos. Normalmente se denomina una parte superior del modelo de objetos de línea; es omnipresente en Python, y una parte importante de la programación utilitaria. Investigaremos este modo de programación aún más completamente en esta y la siguiente parte; dado que su tema se establece sobre la idea de aplicar funciones, las funciones deben tratarse como información.

Hemos visto una parte de estos casos de uso convencionales para funciones en precedentes anteriores, sin embargo, una auditoría enérgica subraya el modelo de artículo. Por ejemplo, en realidad no hay nada único en el nombre utilizado en una explicación de def: es sólo una variable designada en la extensión actual, como si se hubiera mostrado a la izquierda de un signo . Después de una ejecución de def, el nombre de la función es solo una referencia a un elemento: puede reasignar ese artículo a nombres diferentes sin reservas y llamarlo a través de cualquier referencia:

>>> def echo(message): • Reverberación de nombres designada para objeto de trabajo

print(mensaje)

>>> echo('Direct call') - Objeto de llamada a través de un nombre único

Llamada directa

>>> x - reverberación - Ahora x hace referencia a la función también

>>> x('¡Llamada indirecta!') - Llamar al objeto a través del nombre incluyendo ()

¡Llamada de revés!

Puesto que arguments se pasan mediante la designación de objetos, es igualmente tan simple pasar funciones a diferentes funciones como arguments. El "call" puede entonces llamar al crucero en función simplemente incluyendo Argumentos en los recintos:

>>> def indirect(func, arg):

func(arg) - Llame a la go en el artículo incluyendo ()

>>> indirect(echo, Argument call!') - Pasar la función a otra función

¡Llamada de discusión!

Incluso puede rellenar objetos de trabajo en estructuras de información, al igual que eran números enteros o por otro lado cadenas. El acompañamiento, por ejemplo, instala la función dos veces en un resumen de tuplas, como una especie de tabla de actividades. Dado que el compuesto de Python ordena como estos puede contener cualquier tipo de elemento, no hay ningún caso extraordinario aquí, tampoco:

>>> plan - [(reverberación, 'Spam!'), (reverberación, 'Ham!')]

>>> para (func, arg) en horarios:

func(arg) - Funciones de llamada implantadas en los soportes

¡Spam!

Este código simplemente avanza a través del desenlace del calendario, llamando al trabajo de reverberación con un argumento cada vez (consulte la tarea de descarga de tupla en el encabezado for circle. en este modo, además, mantiene el estado de la extensión de encuadre:

```
>>> def make(label): ? Hacer una función pero no la llames

def echo (mensaje):

print (etiqueta + ':' + mensaje)

retorno de la reverberación

>>> F á make('Spam') - Se mantiene la etiqueta en la extensión

>>> F('Ham!') - Llame a la función que hace la devolución

Spam: ¡Jamón!

>>> F('Eggs!')

Spam: ¡Huevos!
```

El modelo general de objetos de cinco estrellas de Python y la ausencia de anuncios de ordenación hacen que sea un lenguaje de programación fantásticamente adaptable. En Python, puede caracterizar sus propias clases, adquirir de sus propias clases caracterizadas o trabajadas en clases, y crear instancias de las clases caracterizadas.

Sintaxis de clase

Para caracterizar una clase, puede usar 'class', una consigna guardada, arrastrada por el nombre de la clase y dos puntos. Por espectáculo, todas las clases comienzan en mayúsculas. Por ejemplo:

Estudiantes de clase:

Pasar

Para crear una clase que toma un elemento:

Estudiantes de clase (object)

La estrategia __init__()

Después de hacer un caso de la clase, debe llamar al trabajo __init__(). Esta función indica los elementos que crea. Toma, en todo caso, el argumento 'self', un espectáculo de Python, que ofrece carácter al artículo que se está haciendo.

Modelos:

Estudiantes de clase:

def __init__(self) :

clase de empleados(object):

def __init__(self, name, rate, hours) :

Una función utilizada en una clase se conoce como técnica. Posteriormente, el trabajo __init__() es una técnica cuando se utiliza para instate restar clases.

Variables de ejemplo

Cuando agregue más argumentos a la def_init_() que no sea uno mismo, tendrá que incluir factores de ejemplo para que cualquier objeto de mayúsculas y minúsculas de la clase esté relacionado con la ocurrencia que realice.

Por ejemplo:

clase Empleados(object):

def __init__(self, name, rate, hours) :

name.self - nombre

rate.self - tasa

hours.self -horas

En el precedente anterior, name.self, rate.self y hours.self son los factores de caso.

Cuando realice ocurrencias de la clase Empleados, cada parte se acercará a los factores que se introdujeron a través de la técnica __init__. Para delinear, puede hacer o por otro lado 'instantiate' nuevas personas de la clase Empleados:

Personal de los empleados("Wayne", 20, 8)

Gerentes:Empleados("Dwight", 35, 8)

supervisor: Empleados("Melinda", 100, 8)

A continuación, podrá utilizar el orden de impresión para percibir cómo los factores de ejemplo asociados con las personas de la clase Empleados:

print(staff.name, staff.rate, staff.hours)

print(supervisor.name, supervisor.rate, supervisor.hours)

print(manager.name, manager.rate, manager.hours)

Python Shell mostrará este rendimiento:

Wayne 20 8

Dwight 35 8

Melinda 100 8

Estos son los medios por los que se compuso todo el código en la ventana de administrador/registro:

Ventana de registro: employees.py

Aquí está el rendimiento:

Legado

Legacy es un procedimiento de Python que permite a una clase asumir las técnicas y propiedades de otra. Este componente permite a los clientes crear clases cada vez más enrevesadas que adquieren técnicas o factores de sus clases primarias o base y hace que la programación sea más eficaz.

Esta es la estructura linguística para caracterizar una clase que adquiere todos los factores y la función de una clase primaria:

clase ChildClass(ParentClass):

Para representar, puede hacer otra clase, Resigned, que adquirirá de los Empleados

clase y tomar un factor adicional, estado:

clase Employees(object):

def __init__(auto, nombre, tarifa, horas):

self.name nombre

self.rate - tasa

self.hours - horas

Personal de los empleados("Wayne", 20, 8)

Jefe- Empleados("Dwight", 35, 8)

jefe de los empleados("Melinda", 100, 8)

print(staff.name, staff.rate, staff.hours)

print(supervisor.name, supervisor.rate, supervisor.hours)

```
print(manager.name, manager.rate, manager.hours)

clase Resign(Employees):

def __init__ (auto, nombre, tasa, horas, estado):

self.name nombre

self.rate - tasa

self.hours - horas

self.status - status

exemp_1 - Resigned("Dorothy", 32, 8, "resignado")

exemp_2 á Resigned("Malcolm", 48, 8, "rendido")

imprimir (exemp-1.name, exemp-1.rate, exemp-1.hours,
exemp-1.status)

imprimir (exemp-2.name, exemp-2.rate, exemp-2.hours,
exemp-2.status)
```

Aquí está el rendimiento en el Shell de Python cuando el código es la ejecución se dará como el primero también.

En resumen, Python ha hecho las cosas más fáciles para todos; una de las razones se ha explicado en este capítulo. No es necesario seguir enumerando un montón de palabras porque no hay tiempo para eso. Esto es más eficaz cuando se está codificando para una red dada cuya devoción está en las comidas o culinaria. El siguiente capítulo le llevará a través de cómo utilizar exclusivamente generadores de Python. Preguntas tales como; ¿Cómo hago que la programación sea automática? ¿Dónde puedo encontrar las funciones y su uso? Y mucho más será tratado. Pasemos juntos al siguiente capítulo; es el lenguaje de programación Python hasta el final.

Capítulo 12

Funciones y generadores en Python

Simplemente, la función es un gadget que agrupa muchas declaraciones para que se puedan ejecutar más de una vez en un programa, un método incluido invocado por su nombre. las funciones también pueden calcular la estima de los resultados y permítirnos indicar parámetros que se rellenan como entradas de función y pueden variar cada vez que se ejecuta el código. Codificar una actividad como una función hace que sea un instrumento útil en general, que podemos utilizar en una variedad de ajustes.

Tanto más esencialmente, las funciones son la opción en contraste con la programación mediante la reordenación, en lugar de tener numerosos duplicados repetitivos del código de una actividad, podemos considerarlo una función solitaria. De esta manera, disminuimos drásticamente nuestro trabajo futuro: si la tarea debe cambiarse más tarde, tenemos un solo duplicado para actualizar en la función, relativamente pocos disipados a través del programa.

las funciones son igualmente la estructura de programa más esencial que Python acomoda la amplificación de la reutilización del código, y nos llevan a las ideas más grandes de un plan de programa. Como veremos, las funciones nos permiten dividir marcos complejos en partes sensatas. Al ejecutar cada parte como función, hacemos que sea reutilizable y más simple de codificar.

Para hacer las cosas más simples, compruebe la forma en que la sintaxis y la programación de las explicaciones han sido. Las siguientes son explicaciones o ejemplos de instrucciones:

Declaraciones de llamada myfunc('leave', 'fish', meat-wing, *rest)

impresora def (su mensaje):

print('Heydays' + su mensaje)

return def adder(a, b-1, *c):

retorno a + b + c[0]

473

ejemplos de declaraciones o sentencias son:

mundial x á 'oscuro'

cambio def():

mundial x; x á 'luz'

no local (3.X) def external():

x á 'oscuro'

cambio def():

x no local; x á 'luz'

cuadrados de rendimiento def(x):

para I en range(x): rendimiento I ** 2

lambda funcs á [lambda x: x**2, lambda x: x**3]

Usted ha visto la forma en que se dan todas las declaraciones y explicaciones con el fin de vincular los códigos juntos. Usted podría preguntarse si estas explicaciones son realmente importantes para usted como principiante. Es por eso que vamos a pasar a las razones de la importancia de las funciones a continuación.

Antes de sumergirnos en las sutilezas, debemos construir una imagen inconfundible de qué funciones se trata. Las funciones se tratan de aparatos de organización de programas generalizados. Es posible que los hayas repasado antes en diferentes dialectos, donde pueden haber sido llamados subrutinas o metodología. Como presentación breve, las funciones sirven a dos trabajos de mejora esenciales: aumentar la reutilización del código y limitar la repetición.

Como en la mayoría de los dialectos de programación, las funciones de Python son el método más fácil para agrupar la lógica que puede que desee utilizar en más de un punto y más de una vez. Hasta este punto, todo el código que hemos estado componiendo se ha ejecutado de inmediato. Las funciones nos permiten reunir y resumir el código que se utilizará subjetivamente más tarde. Dado que nos permiten codificar la actividad en un lugar solitario y utilizarla en numerosos puntos, las funciones de Python son el instrumento de cálculo más fundamental en el lenguaje: nos permiten disminuir el exceso de código en nuestros proyectos, y por lo tanto disminuir el esfuerzo de soporte.

Hay maneras específicas de unir las funciones de Python. Estos pasos son esenciales para usted porque son las formas de vincular sus códigos juntos. La forma procesal de contraer las funciones es:

Además, las funciones dan un aparato a los marcos de piezas en piezas que tienen trabajos bien caracterizados. Por ejemplo, para hacer una pizza sin preparación, comenzaría mezclando la mezcla, moviéndola hacia fuera, incluyendo fijaciones, calentarla, etc. Si estuvieras personalizando un robot de producción de pizza, las funciones te permitirían aislar la tarea de "hacer pizza" en pedazos, una función para cada subtarea todo el tiempo. Es más sencillo actualizar las empresas más pequeñas en el confinamiento que ejecutar todo el procedimiento en el doble. Como regla general, las funciones se basan en un sistema: cómo lograr una opción, a diferencia de lo que usted está haciendo también. Veremos por qué esta calificación es importante cuando comencemos a hacer nuevos artículos con clases.

En esta sección del libro, investigaremos las herramientas utilizadas para codificar obras en Python: elementos esenciales de trabajo, directrices de ámbito y argumentos que van, junto con un par de ideas relacionadas, por ejemplo, generadores y dispositivos utilitarios. Dado que su significado comienza a ser progresivamente claro en esta dimensión de la programación, también volveremos a la idea del polimorfismo, que se presentó antes en el libro. Como verás, las funciones no infieren mucha nueva estructura de oraciones, pero sí nos llevan a algunos pensamientos de programación más grandes.

Funciones de programación

A pesar del hecho de que no se hizo formal, hemos utilizado efectivamente algunas funciones antes. Por ejemplo, para crear un objeto de documento, llamamos a la función open implícita; comparativamente, utilizamos la lente trabajada en función para solicitar el número de cosas en un objeto de acumulación.

En esta parte, investigaremos cómo componer nuevas funciones en Python. Las funciones que componemos actúan de forma similar a las ins construidas que acabamos de observar: se traen en declaraciones, se pasan cualidades y devuelven resultados. En cualquier caso, la composición de nuevas funciones requiere el uso de un par de pensamientos adicionales que aún no se han presentado. Además, las funciones actúan en todos los aspectos de manera diversa en Python que en dialectos incorporados como C. Aquí hay un breve prólogo de las ideas fundamentales que impulsan las obras de Python, todas las cuales examinaremos en esta pieza del libro:

Def es código ejecutable

Las funciones de Python se componen con otro anuncio, el def. Dissimilar a las funciones en dialectos incorporados, por ejemplo, C, def es una declaración ejecutable —su función no existe hasta que Python alcanza y ejecuta el def. Verdad sea dicho, es legal (y es legal incluso de vez en cuando valioso) para resolver declaraciones def dentro de declaraciones if, mientras que círculos, e incluso diferentes defs. En la ejecución de la actividad del molino, las declaraciones def se codifican en los registros de módulo y normalmente se apresuran a producir funciones cuando el documento de módulo en el que viven se importa inicialmente.

Def hace un artículo y lo hace a un nombre

En el momento en que Python alcanza y ejecuta una declaración def, crea otro objeto de función y lo designa al nombre de la función. Del mismo modo, con todas las asignaciones, el nombre de la función se convierte en una referencia al objeto de función. No hay ningún encantamiento en el nombre de la función, como verá, el artículo de la función se puede hacer a diferentes nombres, guardar en un desadelar, etc.

Los artículos de funciones también pueden tener créditos subjetivos caracterizados por el cliente conectados a ellos para registrar información.

- Lambda hace un artículo, sin embargo, lo devuelve, por lo tanto. Las funciones también se pueden realizar con la instrucción lambda, un elemento que nos permite en línea las definiciones de trabajo en lugares donde una explicación de definición no funcionará linguísticamente.

- Return envía un objeto de resultado al invitado. En el momento en que se llama a la función, el invitado se detiene hasta que la función completa su trabajo y devuelve el control al invitado. funciones que la estima del proceso lo envían de vuelta al huésped con una explicación de llegada; la estima devuelta se convierte en el efecto posterior de la llamada de función. Una llegada sin estima esencialmente vuelve al huésped (y devuelve Ninguno, el resultado predeterminado).

- Yield envía un objeto de resultado de vuelta al invitado, pero recuerda el último punto de interés conocido. Las funciones conocidas como generadores también pueden utilizar la declaración de rendimiento para devolver la estima y suspender su estado con el objetivo final de que puedan continuar más tarde, para entregar una progresión de resultados después de algún tiempo. Este es otro tema propulsado lienzos más tarde en esta pieza del libro.

- En todo el mundo pronuncia los factores a nivel de módulo que deben eliminarse. Por supuesto, todos los nombres relegados en función son vecindario a esa función y existen justo mientras se ejecuta la función. Para eliminar un nombre en el módulo las funciones deben mostrarlo en una declaración mundial. Más aún, por encima, los nombres miran constantemente hacia arriba en extensiones (lugares donde se guardan los factores) y las asignaciones vinculan los nombres a los ámbitos.

- No local proclama factores de función de encaus que deben ser revueltos. Del mismo modo, la instrucción no local incluida Python 3.X permite que una función asigne un nombre que existe en la extensión de una declaración def en mayúsculas que se encierra. Esto permite que las funciones de ensedación se rellenen como punto para mantener el estado (datos recuperados entre llamadas de función) sin usar nombres de mundo compartidos.

- Los argumentos se pasan por tarea (referencia de objeto). En Python, argumentos se pasan a funciones por tarea (lo que, como hemos aprendido, implica por referencia de elemento). Como verá, en el modelo de Python el invitado y la función comparten preguntas por referencias, pero no hay ningún nombre que asocie. Cambiar un nombre de argumento dentro de una función no cambia adicionalmente el nombre relacionado en el invitado, sin embargo, la evolución de ir en los artículos variables configurados puede cambiar los objetos compartidos por el invitado y rellenar como resultado de la función.

- Los argumentos se pasan por posición, excepto si usted declara generalmente. Cualidades que se van en una función llamar a coordinar nombres de argumento en una definición de funciónes de izquierda a directamente naturalmente. Para adaptarse, las llamadas de trabajo también pueden pasar argumentos por nombre con la estructura linguística de la palabra de vigilancia nombre-valor y descargar discrecionalmente numerosos argumentos para enviar con *pargs y **kargs destacado Argument documentación. Las definiciones de función utilizan dos estructuras similares para determinar los valores predeterminados de Argument y recopilar discrecionalmente numerosos argumentos obtenidos.

- No se anuncian argumentos, estimas de retorno y factores. Al igual que con todo en Python, no hay imperativos de ordenación en las funciones. La verdad sea dicha, nada sobre una función debe pronunciarse temprano: se puede ir en Argumentos de cualquier tipo, devolver cualquier tipo de elemento, etc. Como resultado, una función solitaria se puede conectar regularmente a una variedad de tipos de artículos, cualquier artículo que tenga una buena interfaz (estrategias y declaraciones) hará, prestando poca atención a sus tipos particulares.

Si una parte de las palabras anteriores no se empapó, no se estrese, investigaremos estas ideas con código genuino en esta parte del libro. Debemos comenzar por desarrollar una porción de estos pensamientos y miren un par de precedentes.

Declaraciones de def

La instrucción def crea un objeto de función y lo asigna a un nombre. Su configuración general es la siguiente:

def name(arg1, arg2,... argN):

Declaración

Del mismo modo que con todas las instrucciones compuestas de Python, def consta de una línea de encabezado perseguida por un cuadrado de explicaciones, generalmente con sangría (o una instrucción directa después de los dos puntos). El cuadrado de explicación se convierte en el cuerpo de la función, es decir, el código que Python ejecuta cada vez que se llama a la función más tarde. La línea de encabezado def indica un nombre de función que se relega el objeto de función, junto con un resumen de al menos cero argumentos (en algunos casos llamado).

En conclusión, hemos conseguido con éxito el porqué y cómo se utilizan las funciones en Python. Esto mejorará la gestión adecuada del proceso de ejecución del programa. Para sentar una buena base para usted, el siguiente capítulo es sobre argumentos en lenguaje Python. Esto suele ser sobre cómo caracterizar palabras mientras se codifica. Funciona de una manera interesante para reunir muchos programas con la misma sintaxis juntos. Desenmarañamos esto.

Capítulo 13

Los argumentos de Python

Esta parte continúa con la historia de la función examinando las ideas en Argumentos Python: cómo se envían preguntas a las funciones como fuentes de información. Como veremos, los argumentos (también los parámetros de los usuarios) se colocan en los nombres en función, sin embargo, tienen más que ver con las referencias de elementos que con los grados variables.

Además, encontraremos que Python proporciona herramientas adicionales, por ejemplo, consignas, valores predeterminados y autoridades y extractores de argumentos discrecionales que tienen en cuenta la amplia adaptabilidad en la forma en que los argumentos se envían a la función, y les daremos algo que hacer en los modelos. Después de haber interiorizado estos, tendrá que comprender el argumento que pasa los conceptos básicos.

Argumentos por conceptos básicos

Antes de esta pieza del libro, me di cuenta de que los argumentos son pasados por la tarea. Esto tiene un par de implicaciones que no están constantemente claras para los recién llegados, que voy a desarrollar en este segmento. Aquí está una sola vez de la clave indica al pasar las funciones de argumentos:

• Los argumentos se pasan a través de la delegación de elementos a los nombres de las siguientes variables. la función Arguments (referencias a (quizás) elementos compartidos enviados por el invitado, son simplemente una aparición más de la tarea de Python en el trabajo. Puesto que las referencias se actualizan como punteros, todos los argumentos, como resultado, han pasado por el puntero. Los elementos que se han ido como argumentos nunca se duplican naturalmente.

• La asignación a nombres de argumento dentro de una función no influye en el invitado.

Los nombres de argumento en el encabezado de función se convierten en nuevos nombres cercanos cuando se ejecuta la función, en la extensión de la función. No hay asociación entre los nombres de argumento de función y los nombres de variable en la extensión del invitado.

• Cambiar un argumento de elemento modificable en la función puede afectar al invitado.

Por otra parte, como los argumentos son básicamente doled hacia fuera en artículos, las funciones pueden cambiar ir en los elementos alterables configurados, y los resultados pueden influir en el invitado. Los argumentos modificables pueden ser información y rendimiento para las funciones.

Para más sutilezas en las referencias, véase el Capítulo 6; todo lo que nos dimos cuenta allí además se aplica a los argumentos de trabajo, sin embargo, la tarea a los nombres de argumentos está programada y cierta. La gráfica de búsqueda de crucero de Python no es exactamente equivalente a la alternativa de parámetros de referencia de C++, sin embargo, termina siendo fundamentalmente el mismo que el modelo de paso de argumento del lenguaje C (y otros) por y por:

- Argumento inmutable se pasan con éxito "por estima." Los objetos, por ejemplo, números, lo que es más, las cadenas se pasan por referencia de elemento en lugar de por duplicación, pero como no se pueden cambiar los artículos inalterables configurados en cualquier caso, el impacto es mucho similar a hacer un duplicado.

- Los argumentos mutables se pasan visiblemente "por el puntero." Objetos, por ejemplo, registros además, los léxicos se pasan además por referencia de artículo, que es como la forma en que C pasa las exposiciones como punteros: los artículos variables se pueden cambiar configurados en la función, al igual que los clústeres de C.

Obviamente, si nunca has usado C, el modo de paso de argumentos de Python parecerá ser menos difícil, incluye solo la tarea de los elementos a los nombres, y funciona de forma similar si los elementos son impermanentes o no.

Argumentos y referencias compartidas

Para describir las propiedades de paso de argumentos en el trabajo, piense en el código que lo acompaña:

>>> def f(a): a se asigna a (referencias) el artículo pasado a 33 - Cambia la variable de vecindad y como si estuviera

>>> b á 404

>>> f(b) - y b ambos referencia igual 88 al principio

>>> print(b) - b no se cambia

404

En este modelo, la variable an se asigna el artículo 88 en este momento la función se llama con f(b), sin embargo, la vida justo dentro de la función llamada. Cambiar un interior de la obra no tiene ningún impacto en dónde se llama a la función; básicamente restablece la variable de vecindad a un artículo totalmente único.

Eso es lo que implica una ausencia de asociación de nombre: la tarea a un nombre de argumento dentro de una función (por ejemplo, a-33) no cambia misteriosamente una variable como b en la extensión de la llamada de función. Los nombres de argumento pueden compartir preguntas pasadas al principio (básicamente son punteros a esos elementos), sin embargo, simplemente incidentalmente, cuando se llama por primera vez a la función.

Cuando se reasigna un nombre de argumento, se cierra esta relación. Si es simplemente la situación para la tarea para argumentar se nombra a sí mismos. Cada vez que se pasan argumentos alterables como registros y léxicos, además debemos saber que en su lugar los cambios en dichos elementos pueden vivir después de que exista una función y, por lo tanto, inmishaber a los invitados.

Este es un precedente que muestra esta conducta:

>>> def changer(a, b): - Los argumentos repartieron referencias a objetos

a 2 - Cambia la estima del nombre del vecindario por así decirlo

b[0] á 'leave' - Cambios en el artículo compartido creado

>>> X á 1

>>> L á [1, 2] - Llamador:

>>> cambiador (X, L) - Pasar artículos permanentes y modificables

>>> X, L X no ha cambiado, L es extraordinario!

(1, ['dejar', 2])

En este código, el cambiador realiza cualidades para argumentarse y en un segmento del elemento al que hace referencia el argumento b. Estas dos asignaciones dentro de la función son algo extraordinarias en gramática sin embargo, drásticamente varios resultados tienen:

- Debido a que a será un nombre de factor cercano en la extensión de la función, la tarea principal no tiene ningún impacto en el invitado, básicamente cambia el factor cercano a para hacer referencia a un elemento totalmente distintivo, y no cambia la autorización del nombre X en el ámbito del invitado. Esto es equivalente a en el precedente anterior.

- El argumento b es un nombre de factor cercano, sin embargo, se pasa un artículo de variable (el diagnóstico que L hace referencia en el grado del invitado). Como la segunda tarea es un cambio de objeto de configuración, la consecuencia de la tarea a b[0] en la función afecta a la estima de L después de que vuelve la función.

En conjunto, la segunda declaración de tarea en changer no cambia b: cambia parte del artículo que b hace referencia actualmente. Este cambio de configuración afecta al invitado tal como estaba, ya que el elemento modificado dura más que la llamada de función. El nombre L tampoco ha cambiado, independientemente de que haga referencia al elemento equivalente y cambiado, sin embargo, parece que L varía después de la llamada con el argumento de que la estima a la que hace referencia ha sido alterada dentro de la función. Básicamente, el nombre de lista L rellena como contribución y rendimiento de la función muestra los vínculos nombre/objeto que existen después de que se haya llamado a la función y antes de que se haya ejecutado su código. Si este precedente aún es desconcertante, podría ver que el impacto de las asignaciones programadas de los argumentos go in es equivalente a ejecutar una progresión de instrucciones de tareas sencillas. En cuanto al argumento principal, la tarea no tiene ningún impacto en el invitado:

>>> X á 1

>>> a - X - Comparten un elemento similar

>>> a 2 - Restablece 'a' just, 'X' is yet 4

>>> imprimir(X)

4

Sin embargo, la tarea durante ese argumento de tiempo afecta a una variable en la llamada, ya que se trata de un cambio de elemento de configuración:

>>> L á [4, 2]

>>> b - L - Comparten un elemento similar

>>> b[0] á 'spam' - configurar el cambio: 'L' ve el cambio también

>>> imprimir(L)

['spam', 2]

Puesto que los argumentos se pasan por tarea, los nombres de argumento de la función pueden impartir artículos a factores en la extensión de la llamada. Por lo tanto, configurar los cambios en argumentos impermanentes en la función puede afectar al invitado. Aquí, a y b en la función en primera referencia a los artículos a los que hacen referencia los factores X y L cuando se llama por primera vez a la función. Cambiar el rundown a través de la variable b influye en L para parecer distintivo después de que la llamada vuelve.

Si revisas nuestros intercambios sobre artículos cambiables compartidos, percibirás la maravilla del trabajo: cambiar una configuración de artículo modificable puede afectar a diferentes referencias a ese objeto. Aquí, el impacto es hacer que uno de los argumentos funcione como una información y un rendimiento de la función.

Sorprendentemente, los argumentos se han incorporado a los procesos de aprendizaje antes de ahora. Estoy bastante seguro de que podría estar confundido acerca de cómo funciona esto hasta ahora cuando se ha explicado. En el paquete de Python hay diferentes módulos para diferentes funciones. Es más como la mejor comprensión que usted es de un módulo en particular, más productivo será en la programación. Esta es la razón por la que los módulos se tratan en el siguiente capítulo. Pase al siguiente capítulo y vamos a obtener los módulos a la vez.

Capítulo 14

Los módulos y sus aplicaciones en Python

Esta parte comienza nuestra parte de arriba a abajo echar un vistazo en el módulo Python: la unidad de asociación de programa de cantidad más anormal, que agrupa el código del programa y la información para su reutilización, y proporciona espacios de nombres autónomos que limitan los conflictos de nombres de variables sobre sus proyectos. En términos sólidos, los módulos normalmente se relacionan con los registros del programa Python. Cada registro es un módulo y los módulos importan diferentes módulos para utilizar los nombres que caracterizan. Los módulos también pueden estar relacionados con los aumentos codificados en dialectos externos, por ejemplo, C, Java o C, e incluso con los registros en las importaciones de paquetes. Los módulos se preparan con dos sentencias además, una función significativa:

import Permite a un cliente (comerciante) obtener un módulo en total de permite a los clientes obtener nombres específicos de un módulo imp.reload (recargar en 2.X)

Proporciona un enfoque para volver a cargar el código de un módulo incesantemente y hemos estado utilizándolos desde ese momento en adelante.

El objetivo aquí es desarrollar las ideas del módulo central que ahora conoce, lo que es más, continuar para investigar la utilización del módulo más desarrollado. Esta primera parte examina los elementos esenciales del módulo y ofrece un general echar un vistazo al trabajo de los módulos en la estructura de programa grande.

En las secciones que persiguen, profundizaremos en las sutilezas de programación detrás de la hipótesis.

En el camino, vamos a sustanciar las sutilezas del módulo descartadas hasta ahora: se enterará de las recargas, las características __name__ y __all__, las importaciones de paquetes, la estructura relativa del lenguaje de importación, los paquetes de espacio de nombres 3.3, etc. Dado que los módulos y las clases son simplemente espacios de nombres celebrados, también formalizaremos las ideas de espacio de nombres aquí.

¿Por qué usar módulos?

Para decirlo claramente, los módulos proporcionan un método sencillo para ordenar las partes en un marco de trabajo sirviendo como paquetes independientes de factores conocidos como espacios de nombres. Cada uno de los nombres caracterizados en la dimensión superior de un documento de módulo se convierten en cualidades del objeto de módulo importado. Como encontramos en la última parte de este libro, las importaciones ofrecen acceso a nombres en el ámbito mundial de un módulo. Es decir, el grado mundial del registro de módulo se transforma en el espacio de nombres característico del elemento de módulo cuando se importa. Por último, los módulos de Python nos permiten interconectar registros de personas en un marco de programa más grande.

De manera más explícita, los módulos tienen en cualquier caso tres trabajos:

Reutilización de código

Los módulos le permiten guardar el código en los documentos para siempre. Diferente al código que escribe en el resumen intuitivo de Python, que deja al salir de Python, se determina el código en los registros del módulo: muy bien se puede volver a cargar y volver a ejecutar el mismo número de veces que sea necesario. De manera similar a crítica, los módulos son un lugar para caracterizar nombres, conocidos como propiedades, a los que pueden hacer referencia varios clientes externos. Siempre que se utiliza, todas las cosas consideradas, estos respaldos una estructura de programa medida que agrupa la utilidad en unidades reutilizables.

División del espacio de nombres marco

Los módulos son además la unidad de asociación de programa de cantidad más anormal en Python. A pesar del hecho de que están en un nivel muy básico sólo paquetes de nombres, estos paquetes también son independientes, nunca se puede observar un nombre en otro registro, excepto si importa ese registro. Al igual que la extensión de las funciones del entorno, esto mantiene una distancia estratégica de los conflictos de nombres sobre sus proyectos. La verdad sea dicha, no se puede mantener una distancia estratégica de este elemento: todo "vive" en un módulo, tanto el código que ejecuta como los elementos que hace en todos los casos ciertamente están encerrados en módulos. Por lo tanto, los módulos son dispositivos característicos para recopilar segmentos de marco de trabajo.

Actualización de las administraciones compartidas o la información

Desde un punto de vista operativo, los módulos son además valiosos para ejecutar piezas que se comparten a través de un marco de trabajo y, por lo tanto, requieren solo un duplicado solitario. Por ejemplo, si tiene que dar un artículo mundial que es utilizado por más de una función o en el documento de otra mano, puede codificarlo en un módulo que luego podría ser importado por numerosos clientes.

En cualquier caso que sea la historia teórica, para que realmente comprenda el trabajo de los módulos en un marco de Python, tenemos que divergir durante un minuto e investigar la estructura general de un programa Python.

Arquitectura del programa Python

Hasta ahora en este libro, he endulzado una parte de la naturaleza multifacética en mis representaciones de los programas Python. Poco a poco, los programas, en su mayor parte, incluyen algo que no sea un documento. Para todos, sea como fuere, el contenido menos difícil, los proyectos aparecerán como marcos de trabajo multiarchivo, como representan los proyectos de sincronización de código de la parte anterior. Independientemente de si puede obtener mediante la programación de un documento solitario usted mismo, es más probable que no termine usando registros externos que otra persona ha compuesto efectivamente.

Este segmento presenta la ingeniería general de los programas Python, la forma en que se aísla un programa en una recopilación de registros de origen (también de forma general) y se conecta las partes a una totalidad. Como veremos, Python fomenta una estructura de programa medida que agrupa la utilidad en unidades inteligentes y reutilizables, de maneras comunes y prácticamente programadas. En el camino, además investigaremos las ideas focales de los módulos de Python, las importaciones, además, los rasgos de los objetos.

Instrucciones paso a paso para estructurar un programa

En una dimensión base, un programa Python consta de registros de contenido que contienen declaraciones de Python, con un documento de nivel superior principal y al menos cero registros suplementarios conocidos como módulos. Estos son los medios por los que esto funciona. El documento de nivel superior (también contenido) contiene la progresión fundamental del control del programa, este es el documento que se apresuró a enviar la aplicación. Los registros del módulo son bibliotecas de instrumentos utilizados para recopilar segmentos utilizados por el registro de nivel superior, y potencialmente en otro lugar. Los documentos de nivel superior utilizan instrumentos caracterizados en registros de módulos, y los módulos utilizan aparatos caracterizados en diferentes módulos.

A pesar del hecho de que también son documentos de código, los registros de módulo, en su mayor parte, no hacen nada cuando se ejecutan legítimamente; más bien, caracterizan los aparatos propuestos para su uso en diferentes documentos. Un documento importa un módulo para acceder a los instrumentos que caracteriza, que se conocen como sus cualidades: nombres variables anexados a artículos, por ejemplo, funciones. Importaciones y atributos

¿Qué tal si hacemos esto más concreto? Tomemos, por ejemplo, la estructura de un programa Python hecho de tres registros: a.py, b.py y c.py. El registro a.py se selecciona para que sea el registro de nivel superior; será un documento de contenido básico de las declaraciones, que se ejecuta de arriba a la base cuando se impulsa. Los registros b.py y c.py son módulos; también son documentos básicos de contenido de explicaciones, pero no suelen ser impulsados directamente. Más bien, como se ha aclarado de antemano, los módulos son importados regularmente por diferentes documentos que desean utilizar los aparatos que caracterizan los módulos.

Por ejemplo, supongamos que el registro b.py en el ejemplo caracteriza una función denominada spam, para uso externo. Como nos dimos cuenta al considerar las funciones de la Parte IV, b.py contendrá una

Python def instrucción para producir la función, que más adelante puede seguir ejecutando pasando cero o luego de nuevo más cualidades entre corchetes después del nombre de la función:

```
def spam (texto):     • B.py

print(texto, 'spam')
```

En la actualidad, supongamos a.py necesita utilizar spam. Con este fin, puede contener explicaciones de Python, por ejemplo, los elementos adjuntos:

importación b - Archivo a.py

b.spam('gumby') - Imprime "gumby spam"

El primero de ellos, una declaración de importación de Python, da al registro a.py acceso a todo lo que se caracteriza por código de nivel superior en el b.py de registro. La importación de código b generalmente implica:

Cargue el documento b.py (excepto si es a partir de ahora apilado), y déme acceso a cada una de sus características a través del nombre b.

Para cumplir estos objetivos, importe (y, como verá más adelante, desde) las explicaciones ejecuten y carguen diferentes registros en la solicitud. De forma más formal, en Python, la conexión del módulo entre documentos no se liquida hasta que dichas explicaciones de importación se ejecutan en tiempo de ejecución; su impacto neto es eliminar los nombres de los módulos (factores básicos como b) a los objetos de módulo apilados. En realidad, el nombre del módulo utilizado en una declaración de importación llena dos necesidades: distingue el registro externo que se va a apilar, pero también se convierte en una variable asignada al módulo apilado.

En consecuencia, los objetos caracterizados por un módulo también se realizan en tiempo de ejecución, ya que la importación se está ejecutando: import realmente ejecuta instrucciones en el documento objetivo cada una a su vez para hacer su sustancia. En ruta, cada nombre en la dimensión superior del documento se convierte en una característica del módulo, abierta a los remitentes. Por ejemplo, el segundo de los anuncios en a.py llama a la función spam caracterizada en el módulo b,realizado mediante la ejecución de su instrucción def en medio de la importación, utilizando la documentación de propiedades de objeto. El código b.spam implica:

Obtenga la estimación del nombre spam que vive dentro del elemento b.

Esto resulta ser una función invocable en nuestro modelo, por lo que pasamos una cadena entre corchetes ('gumby'). Si realmente escribe estos registros, los perdone y ejecuta a.py, se imprimirán las palabras "gumby spam".

Como hemos visto, la documentación del atributo de objeto se muestra a través del código de Python: la mayoría de los objetos tienen cualidades útiles que se traen con el administrador ".". Algunos artículos invocables de referencia como funciones que hacen un movimiento (por ejemplo, un PC de compensación). Ingeniería de programas en Python. Un programa es una disposición de módulos. Tiene un registro de contenido de nivel superior (impulsado para ejecutar el programa) y numerosos documentos de módulo (bibliotecas importadas de aparatos). El contenido, además, los módulos son registros de contenido que contienen declaraciones de Python, sin embargo, los anuncios en los módulos generalmente simplemente hacen que los artículos se usen más adelante. La biblioteca estándar de Python proporciona una acumulación de módulos precodificados de información básica que indican artículos y propiedades progresivamente estáticos (por ejemplo, el nombre de un individuo).

La idea de traer es igualmente totalmente amplia a través de Python. Cualquier registro puede importar instrumentos de algún otro registro. Por ejemplo, el documento a.py puede importar b.py para llamar a su obra, pero b.py también puede importar c.py para utilizar diversos aparatos que se caracterizan allí. Las cadenas de importación pueden bucear tan profundo como puedas imaginar: en este modelo, el módulo a puede importar b, que puede importar c y otros también.

De manera concluyente, se le ha tomado a través de para utilizar y reutilizar códigos de Python. Esto funciona muy bien como se ha explicado. El siguiente capítulo responde a su curiosidad sobre cuántos paquetes hay en Python con sus funciones. ¡Pasemos al siguiente capítulo!

Capítulo 15

Los paquetes y
su aplicación en Python

Hasta ahora, cuando hemos importado módulos, hemos estado apilando documentos. Esto habla de la utilización normal del módulo, y es probable que el sistema que usará para la mayoría de las importaciones codificará en una etapa temprana de su profesión de Python. En cualquier caso, la historia de importación del módulo es algo más extravagante de lo que he inferido hasta ahora. A pesar de un nombre de módulo, una importación puede asignar un nombre a una forma de catálogo. Un índice de

Se dice que el código python es un paquete o paquete, por lo que dichas importaciones se conocen como importaciones de paquetes. Como resultado, una importación de paquetes transforma un registro en su PC en otro espacio de nombres de

Python, con ascribes relacionados con los subdirectorios y registros de módulo que contiene el índice.

Esto es un hasta cierto punto propulsado incluyen, sin embargo, la cadena de comando que da termina siendo conveniente para organizar los registros en un marco sustancial y, en general, reorganizará la configuración de búsqueda de módulos. Como veremos, las importaciones de paquetes también son necesarias en algunos casos para determinar las ambiguedades de importación cuando se introducen diferentes registros de programa de un nombre similar en una máquina solitaria.

Puesto que es importante codificar en paquetes simplemente, también presentaremos el modelo y la gramática de importaciones relativas en curso de Python aquí. Como veremos, este modelo altera buscar formas en 3.X y amplía la instrucción from para las importaciones dentro de paquetes en 2.X y 3.X. Este modelo puede hacer que tales importaciones intra-paquete sin efecto sean progresivamente inequívocas y concisas, pero acompaña algunas compensaciones que pueden afectar a sus proyectos.

Por fin, para los 'lectores' con Python 3.3 y versiones posteriores, su nuevo modelo de agrupación de espacios de nombres, que permite a los paquetes atravesar varios índices y no requiere ningún documento de introducción, se presenta además aquí. Este modelo de paquete de nuevo estilo es discrecional y se puede utilizar trabajando junto con el primer modelo de paquete (actualmente conocido como "ordinario"), sin embargo, anula una parte de los pensamientos y directrices esenciales del primer modelo. Por lo tanto, investigaremos los paquetes ordinarios aquí primero para todos los 'lectores', y los paquetes de espacio de nombres presentes duran como un tema discrecional.

Conceptos básicos de la importación de paquetes

En una dimensión base, las importaciones de paquetes son claras: en el que ha estado nombrando un registro sencillo en sus explicaciones de importación, puede enumerar una forma de nombres aislados por puntos: import dir1.dir2.mod.

El equivalente va para las sentencias:

de dir1.dir2.mod importación x

Se espera que la forma "manchada" en estos anuncios se relacione con una forma a través de la cadena de índice de comando en su PC, lo que provoca que el registro mod.py (o comparativa; la expansión puede diferir). Es decir, las explicaciones anteriores muestran que en el equipo hay un índice dir1, que tiene un subdirectorio dir2, que contiene un registro de módulo mod.py (o comparable).

Además, estas importaciones sugieren que dir1 vive dentro de algún registro de titular dir0, que es una parte del aspecto ordinario del módulo Python. Así las cosas, estas dos declaraciones de importación sugieren una estructura de índice que se parece a esto (apareció con separadores de línea de puntuación oblicua de Windows):

dir0-dir1-dir2-mod.py-o mod.pyc, mod.so, etc.

El catálogo de soporte dir0 debe agregarse a su modo de aspecto del módulo, excepto si se trata del registro principal del registro de nivel superior, precisamente como si dir1 fuera un documento de módulo básico. Más formalmente, el segmento izquierdo más lejano de una manera de importación de paquetes es hasta ahora con respecto a un índice incorporado en el módulo sys.path. Sin embargo, a partir de ese momento, las declaraciones de importación del contenido proporcionan expresamente al catálogo formas de solicitar módulos en paquetes.

Paquetes y configuración de la ruta de búsqueda

Si utiliza este elemento, recuerde que las formas de índice en las explicaciones de importación pueden ser solo factores aislados por puntos. No se puede utilizar ninguna puntuación explícita de la etapa en las instrucciones de importación, por ejemplo, C:-dir1, Mis documentos.dir2 o .. /dir1: no funcionan linguísticamente. En su lugar, utilice cualquier estructura linguística explícita de esta etapa en la configuración de aspecto del módulo para asignar un nombre a los índices del compartimiento. Por ejemplo, en el modelo anterior, dir0 (el nombre del índice que agrega al aspecto del módulo) puede ser una forma de índice explícita y discrecionalmente larga que conduzca hasta dir1. No puede usar una declaración no válida como esta:

Importar C:-mycode-dir1-dir2-mod - Error: estructura de frases ilícitas, ya sea que sea como sea, puede agregar C:-mycode a su variable PYTHONPATH o un registro .pth, y indicar esto en su contenido:

importar dir1.dir2.mod

Básicamente, las secciones en el módulo buscan de manera dan prefijos de forma explícita del registro de etapa, que conducen a los nombres más alanados en la importación y desde declaraciones. Estas propias declaraciones de importación dan el resto del registro de una manera no partidista.

Con respecto a las importaciones básicas de registros, no tiene que agregar el dir0 del índice de compartimiento a su aspecto de módulo si es a partir de ahora, lo será si es el índice de inicio del registro de nivel superior, el registro en el que está trabajando de forma inteligente, un índice de biblioteca estándar o el sitio-bundles outsider introducir raíz. De alguna manera, sin embargo, el módulo busca manera debe incorporar cada uno de los registros que contienen segmentos izquierdos más lejanos en las declaraciones de importación de paquetes de código.

Paquete __init__.py Archivos

Si utiliza importaciones de paquetes, hay una limitación más que debe seguir: al menos hasta Python 3.3, cada catálogo nombrado dentro de la forma de una explicación de importación de paquete debe contener un documento denominado __init__.py, o las importaciones de paquetes caerán planas. Es decir, en el precedente que hemos estado usando, tanto dir1 como dir2 deben contener un documento llamado __init__.py; el catálogo de compartimentos dir0 no requiere tal registro, ya que ciertamente no está registrado en la propia declaración de importación.

De manera más formal, para una estructura de índice, por ejemplo, esto:

dir0-dir1-dir2-mod.py

lo que es más, una explicación de importación de la estructura:

importar dir1.dir2.mod

se aplican los principios que lo acompañan:

- dir1 y dir2 deben contener un registro __init__.py.

- dir0, el titular, no requiere un registro __init__.py; este documento será esencialmente ignorado si está presente.

- dir0, no dir0-dir1, debe ser grabado en el módulo buscar manera sys.path.

Para cumplir con las dos iniciales de estas pautas, los fabricantes de paquetes deben hacer registros del tipo que investigaremos aquí. Para cumplir con el último de estos, dir0 debe ser una parte de forma programada (los índices home, libraries o site-bundles), o se debe dar en la configuración de registros PYTHONPATH o .pth o en los cambios manuales de sys.path.

1. La estructura de las oraciones de la forma de la mota se escogió a mitad de camino por falta de sesgo en la etapa, pero además, ya que las formas en las declaraciones de importación se convierten en formas de artículo asentadas genuinas. Esta estructura de frases también implica que puede recibir mensajes de error extraños si pasa por alto para impedir el .py en sus declaraciones de importación. Por ejemplo, se cree que la mod.py de importación es una forma de importación de catálogo: carga mod.py, en ese momento se esfuerza por apilar un mod-py.py, y por último emite un mensaje de error posiblemente confundiendo "Ningún módulo llamado py". A partir de Python 3.3 este mensaje de error se ha mejorado para indicar "Ningún módulo llamado 'm.py'; mi no es un paquete.

El impacto neto es que la estructura del índice de este precedente actual debe ser de la siguiente manera, con el espacio asignando el valor del catálogo:

dir0 - Contenedor en el aspecto del módulo

dir1 __init__.py

dir2 __init__.py

mod.py

Los registros __init__.py pueden contener código Python, de la misma manera que deberían hacerse. Sus nombres son poco comunes debido a que su código se ejecuta en consecuencia la primera ejecución a través de un programa Python importa un índice y, por lo tanto, sirve fundamentalmente como una trampa para realizar los pasos de in-statement requeridos por el paquete. Sin embargo, estos documentos también pueden estar totalmente sin rellenar, lo que es más, de vez en cuando tienen trabajos adicionales, como se aclara en el siguiente segmento.

Como veremos cerca del final de esta parte, el requisito previo de los paquetes para tener un documento denominado __init__.py se ha levantado a partir de Python 3.3. En esa descarga y posteriores, los catálogos de módulos sin dicho documento se pueden importar como agrupaciones de espacio de nombres de catálogo único, que funcionan como equivalentes, ya sea que, como sea, no ejecuten ningún registro de código de tiempo de introducción. Antes de Python 3.3, sin embargo, y en todo Python 2.X, los paquetes todavía requieren documentos __init__.py. Como se muestra por delante, en 3.3 y más tarde estos registros también dan una ventaja de presentación siempre que se utilizan.

Trabajos de documentos de introducción de paquetes

Con más detalle, el documento __init__.py se rellena como una trampa para las actividades de tiempo de introducción de paquetes, anuncia un catálogo como un paquete de Python, crea un espacio de nombres de módulo para un índice y realiza de las declaraciones de * (es decir, de importación *) en el punto cuando se utiliza con importaciones de índices:

Introducción del paquete

La primera ejecución a través de un programa Python importa a través de un índice, ejecuta naturalmente todo el código en el registro __init__.py del índice. Por lo tanto, estos registros son un punto normal para poner código para introducir el estado requerido por los registros en un paquete. Por ejemplo, un paquete puede utilizar su registro de introducción para crear documentos de información necesarios, asociaciones abiertas con bases de datos, etc. Normalmente, los registros __init__.py no pretenden ser útiles siempre que se ejecutan de forma directa; se ejecutan por lo tanto cuando se hace un paquete por primera vez.

Declaraciones de conveniencia del módulo

Los registros __init__.py de Bundle están además algo presentes para pronunciar que un registro es un paquete de Python. En este trabajo, estos registros sirven para evitar que los catálogos con nombres normales oculten inadvertidamente módulos genuinos que parecen más adelante en el aspecto del módulo. Sin esta defensa, Python puede elegir un índice que no tiene nada que ver con el código, ya que aparece establecido en un registro anterior en la forma de búsqueda. Como veremos más adelante, los paquetes de espacio de nombres de Python 3.3 bloquean gran parte de este trabajo, pero logran un impacto comparativo algorítmicamente comprobando con anticipación el camino para descubrir documentos posteriores.

En este capítulo, ha conocido los módulos de Python en el nivel principiante. Su alcance de uso de Python se fortalecerá ahora. Esto no es sólo lo único en los módulos, asegúrese de unirse a la discusión anterior de paquetes a esto. Esto dijo que vamos a recurrir ahora a los OOP que se encuentran en la programación de Python. No se preocupe, lo que son oOP se dará junto con sus funciones y ventajas. Python se está poniendo interesante. Acompáñame en el próximo capítulo.

Capítulo 16

OOP en Python; Su estructura y uso

H asta ahora en este libro, hemos estado usando la expresión "objeto" convencionalmente. En gran parte, el código revisado hasta este punto ha sido basado en objetos: hemos pasado preguntas sobre nuestro contenido, los hemos utilizado en declaraciones, llamado a sus estrategias, etc. Para que nuestro código califique como realmente situado para objetos (OO), sin embargo, nuestros artículos, en su mayor parte, tendrán que interesarse en algo a lo que muchos se refieren como una progresión heredada.

Esta sección inicia nuestra investigación de la clase Python, una estructura de programación y un gadget que se utilizan para ejecutar nuevos tipos de elementos en Python que ayudan al legado. Las clases son el dispositivo de programación de python situado (OOP), por lo que además tomaremos un vistazo a las tuercas y pernos OOP en ruta en esta pieza del libro. OOP ofrece un método alternativo y regularmente progresivamente potente para la programación, donde factorizamos el código para limitar la repetición y componer nuevos proyectos modificando el código existente en lugar de transformarlo configurado.

En Python, las clases se hacen con otro anuncio: la clase. Como verás, los artículos caracterizados con clases pueden parecer una tonelada como los tipos inherentes que examinamos antes en el libro. La verdad sea dicha, las clases en realidad simplemente aplican y expanden los pensamientos que efectivamente hemos asegurado; generalmente, son paquetes de funciones que la utilización y el procedimiento funcionaban en tipos de artículo. Las clases, sin embargo, están diseñadas para hacer y supervisar nuevos artículos, y reforzar el legado, un instrumento de personalización y reutilización de código mucho más allá de cualquier cosa que hayamos visto hasta este punto.

Una nota de antemano: en Python, OOP es totalmente discrecional, y no tiene que usar clases solo para comenzar. Puede completar mucho trabajo menos complejo desarrolla, por ejemplo, obras, o incluso código de contenido básico de nivel superior. Dado que el uso de las clases bien requiere algunos arreglos próximos, en general, serán de más entusiasmo para las personas que trabajan en modo vital (haciendo la mejora de artículos de larga distancia) que para las personas que trabajan en modo estratégico (donde el tiempo es difícil de encontrar).

Teniendo en cuenta todas las cosas, como encontrarás en esta pieza del libro, las clases terminan siendo un destacado entre los dispositivos más útiles que ofrece Python. En el punto cuando se usa bien, las clases realmente pueden reducir el tiempo de mejora fundamentalmente. Además, se utilizan en dispositivos Python convencionales como la API GUI de tkinter, por lo que la mayoría de los desarrolladores de Python más a menudo no descubrirán si trabajar aprendiendo de tuercas de clase y pernos de apoyo.

¿Por qué usar clases?

En términos sencillos, las clases son sólo un enfoque para caracterizar nuevos tipos de cosas, reflejando artículos genuinos en el área de un programa. Por ejemplo, supongamos que elegimos ejecutar ese robot especulativo de producción de pizza que usamos por ejemplo. Si lo ejecutamos usando clases, podemos mostrar una mayor cantidad de su verdadera estructura y conexiones. Dos partes de OOP demuestran valioso aquí:

Legado

Los robots de producción de pizza son una especie de robots, por lo que tienen las típicas propiedades robot-y. En términos de OOP, declaramos que "adquieren" propiedades de la clase general todas las cosas consideradas. Estas propiedades regulares deben ser ejecutadas una vez para el caso general y pueden ser reutilizadas hasta cierto punto o en su totalidad por una amplia gama de robots que podemos construir más adelante.

Los robots de producción de pizza son realmente acumulaciones de segmentos que cooperan como grupo. Por ejemplo, para que nuestro robot sea fructífero, puede requerir que los brazos muevan la masa, los motores se muevan a la estufa, etc. En el discurso OOP, nuestro robot es un caso de una organización; contiene diferentes elementos que inicia para hacer su oferta. Cada segmento se puede codificar como una clase, lo que caracteriza su propia conducta y conexiones. Pensamientos generales de OOP como el legado y la pieza se aplican a cualquier aplicación que se puede descomponer en una gran cantidad de artículos. Por ejemplo, en marcos de gui normales, las interfaces se componen como acumulaciones de gadgets (capturas, nombres, etc.) que se dibujan por completo cuando se dibuja su titular (disposición). Además, casi con seguridad podríamos componer nuestros propios gadgets personalizados, capturas con uno de un tipo de estilos textuales, marcas con nuevos planes de sombreado, etc., que son interpretaciones específicas de gadgets de interfaz progresivamente amplios (heredados).

Desde un punto de vista de programación progresivamente sólido, las clases son unidades de programa Python, lo mismo que las funciones y módulos: son otro compartimento para la agrupación de racionalidad e información. La verdad sea dicha, las clases también caracterizan nuevos espacios de nombres, al igual que los módulos. Sin embargo, en contraste con otras unidades del programa que acabamos de observar, las clases tienen tres calificaciones básicas que las hacen progresivamente valiosas con respecto a la construcción de nuevos artículos:

Numerosas ocasiones

Las clases son básicamente líneas de producción para crear al menos un artículo. Cada vez que llamamos a una clase, producimos otro artículo con un espacio de nombres determinado. Cada elemento generado a partir de una clase se acerca a las características de la clase y obtiene su propio espacio de nombres para la información que difiere por objeto. Esto es como el mantenimiento por estado de las funciones de conclusión, sin embargo, es expreso y común en las clases, y es sólo algo que las clases hacen. Las clases ofrecen un arreglo de programación total.

Personalización a través de Legacy

Las clases también refuerzan la idea de OOP del legado; podemos expandir una clase repensando sus cualidades fuera de la propia clase en nuevas partes de programación codificadas como subclases. Más, por en general, las clases pueden desarrollar cadenas de espacio de nombres de importancia, que caracterizan los nombres que deben usar los elementos hechos a partir de clases en el orden de picoteo. Esto respalda numerosas prácticas adaptables más directamente que diferentes aparatos.

Sobrecarga de administrador

Al proporcionar estrategias de convención poco comunes, las clases pueden caracterizar los objetos que reaccionan al tipo de tareas que vimos en el trabajo en tipos implícitos. Por ejemplo, los objetos hechos con clases se pueden cortar, vincular, ordenar, etc. Python da trampas que las clases pueden usar para bloquear y actualizar cualquier actividad de tipo inherente.

En su base, el componente de OOP en Python es en gran medida sólo dos bits de encantamiento: un primer argumento excepcional en funciones (para obtener el tema de una llamada) y la caza de calidad heredada (para ayudar a programar por personalización). Aparte de esto, el modelo es generalmente sólo funciones que finalmente el procedimiento trabajó en ordens. Aunque no es profundamente nuevo, sin embargo, OOP incluye una capa adicional de la estructura que refuerza la programación preferida sobre los modelos de procedimiento de nivel. Junto a los aparatos útiles que conocimos antes, habla de una notable empresa de reflexión sobre los equipos de PC que nos hace fabricar proyectos cada vez más complejos.

OOP desde 30,000 Pies

Antes de ver lo que todos estos métodos en cuanto a código, me gustaría decir un par de palabras con respecto a los pensamientos generales detrás de OOP. Si nunca has hecho nada arreglado por objetos en tu vida antes de ahora, una parte de la redacción de esta sección puede aparecer algo infundiendo en el pase primario. Además, la inspiración para estos términos podría ser sutil hasta que tengas la oportunidad de reflexionar sobre los modales en que los ingenieros de software los aplican en marcos más grandes. OOP es tanto un encuentro como una innovación.

De manera concluyente, este capítulo ha tratado mucho con los OOP en Python. Basado en su innovadora destreza, OOPS alberga muchas funciones. De hecho, el tratamiento dado aquí es aplicable a todos, incluso a los expertos. Como parte de las ventajas de por qué la gente prefiere Python a otros lenguajes de programación que se dan en este libro, el siguiente capítulo explora cómo puede hacer diseños con Python. No apresures ni un ápice de ella; dar los pasos lentamente para una buena productividad.

Capítulo 17

Hacer diseños con excepción de Python

Esta sección equilibra esta pieza del libro con una acumulación de temas especiales de plan de casos y modelos de casos de uso regular, seguidos por las gotchas y actividades de esta parte actual. Dado que esta sección también termina el segmento esencial del libro en todas partes, incorpora una breve revisión de los dispositivos de avance también para ayudarle a medida que realiza la reubicación de Python learner al diseñador de aplicaciones Python.

Liquidación de controladores de excepciones

La gran mayoría de nuestros modelos hasta ahora han utilizado sólo un intento solitario de conseguir casos especiales, sin embargo, ¿qué ocurre si ese intento se establece físicamente dentro de otro? En lo que se refiere a eso, ¿qué significa si un intento considera una función que ejecuta otro intento? En realidad, las explicaciones de intento pueden estar en casa, en la medida en que tanto la estructura de la oración como el control de tiempo de ejecución se mueven a través del código. He hecho referencia a esto rápidamente, sin embargo, ¿qué tal si aclaramos el pensamiento aquí.

Ambos casos se pueden comprender si entiende que las pilas de Python intentan explicaciones en tiempo de ejecución. En el momento en que se plantea un caso especial, Python vuelve a la mayoría a partir de la declaración de intento introducida tarde con una coordinación aparte de la disposición. Puesto que cada instrucción attempt deja un marcador, Python puede volver a los intentos anteriores evaluando los marcadores apilados. Esta liquidación de controladores dinámicos es lo que nos referimos cuando hablamos de generar casos especiales hasta controladores "superiores", estos controladores básicamente están intentando explicaciones introducidas antes en la secuencia de ejecución del programa. La medida del código que entra en un intento de cuadrado puede ser significativa, y puede contener llamadas de trabajo que conjuran otro código en busca de casos especiales similares. En el momento en que inevitablemente se plantea un caso especial, Python vuelve a la declaración de intento introducida en los últimos tiempos que nombra ese caso especial, ejecuta ese anuncio aparte de la instrucción y después de eso reanuda la ejecución después de ese intento. Cuando se encuentra el caso especial, su vida se acaba: el control no se recupera a todos los intentos de coordinación que nombran el caso especial; sólo el primero (es decir, más reciente) se le da la oportunidad de lidiar con él. En la figura 36-1, por ejemplo, la explicación de generación en la func-tion func2 devuelve el control al controlador en func1, y después de eso el programa continúa dentro de func1.

Paradójicamente, cuando se resuelven las declaraciones de intentos que contienen por fin las disposiciones, cada una en el último cuadrado se mantiene funcionando así cuando ocurre un caso especial: Python sigue extendiendo la exención a diferentes intentos, y al final tal vez al nivel superior controlador predeterminado (la impresora de mensajes de error estándar). Como se ha representado, las condiciones finales no sacrifican la exención: simplemente determinan el código que debe mantenerse en tránsito fuera de cada intento en medio del procedimiento especial de propagación de casos. Si hay muchos intentos/en condiciones finales largas dinámicas en el momento en que ocurre un caso especial, todos se ejecutarán, excepto si un intento/con la excepción de obtiene la exención incidentalmente. Al final del día, donde el programa va cuando se plantea un caso especial depende completamente de dónde ha estado, es un elemento de la secuencia de control en tiempo de ejecución a través del contenido, no simplemente su estructura linguística. La generación de un caso especial continúa básicamente en reversa a través del tiempo para intentar las declaraciones que se han introducido, sin embargo, aún no se han dejado. Este spread se detiene cuando el control se afloja hasta una coordinación aparte de la condición, sin embargo, no a medida que pasa por última vez las salvedades en tránsito. Cuando se genera un caso especial (por usted o por Python), el control rebota a la mayoría a partir de la declaración de intento introducida tarde con una coordinación aparte de la salvedad, y el programa continúa después de esa declaración de intento, pero las salvedades capturan y detienen el caso especial— son el lugar que usted procesa y se recupera de casos especiales cuando se plantea un caso especial aquí, el control vuelve a la mayor parte a partir de tarde entró en el esfuerzo para ejecutar su última declaración, sin embargo, entonces el caso especial continúa engendrando a todos los finales en todos los explicaciones de intentos dinámicos y a largo plazo logra el controlador de nivel superior predeterminado, donde se imprime un mensaje de error en el bloque de últimas condiciones largas (sin embargo, no se detienen) un caso especial: son para que las actividades se realicen "en tránsito hacia fuera".

Precedente: Anidamiento de flujo de control

¿Qué tal si nos balanceamos en una guía para que esta idea de asentamiento sea progresivamente concreta? El registro del módulo adjunto, nestexc.py, caracteriza dos funciones. Action2 está codificado para desencadenar una exención (no se pueden incluir números y sucesiones), y action1 ajusta una llamada a action2 en un controlador de intentos, para obtener el caso especial:

```
def action2():
```

```
print(1 + []) - Generar TypeError

def action1():

Intento:

action2()

aparte de TypeError: - El intento de coordinación más
continuo

print('intento interno')

Intento:

action1() aparte de TypeError: - Aquí, sólo si action1 vuelve
a subir

print('intento exterior')

% nestexc.py de pitón

intento interior
```

Tenga en cuenta, sin embargo, que el código de módulo de nivel superior en la base del registro ajusta una llamada a action1 en un controlador de intentos, también. En el momento en que action2 desencadena el caso especial TypeError, habrá dos declaraciones de intento dinámico: la de action1 y la de la dimensión superior del registro de módulo. Python selecciona y ejecuta solo el último intento con una coordinación aparte de, que para esta situación es el intento dentro de action1.

Una vez más, donde un caso especial termina con la esperanza de confiar en la secuencia de control a través del programa en tiempo de ejecución. En esta línea, para saber a dónde irás, tienes que darte cuenta de dónde has estado. Para esta situación, cuando se cuidan las exenciones es más capaz de controlar el flujo que de la estructura linguística de la declaración. Sea como fuere, también podemos resolver los manejadores de casos especiales linguísticamente, un caso comparable al que cambiamos de inmediato.

Precedente: Anidamiento sintáctico

Como me referí cuando echamos un vistazo a la nueva reunión intento / aparte de / en última explicación es concebible resolver las explicaciones de intento según lo web, en el sentido de que su situación en su código fuente se reúne:

Intento:

Intento:

action2() con la excepción de TypeError: - La mayoría del intento de coordinación tardía

print('intento interno')

aparte de TypeError: Aquí, siempre que el controlador establecido vuelva a subir

print('intento exterior')

Verdaderamente, sin embargo, este código simplemente configura una estructura de ajuste de controlador similar como (y continúa indistinguiblemente) el modelo anterior. La verdad sea dicha, la liquidación sintáctica funciona simplemente como los casos descritos. El contraste principal es que los controladores establecidos se implantan físicamente en un punto cuadrado intentado, no codificado en otro lugar en las funciones que se llaman desde el cuadrado de intento. Por ejemplo, los controladores establecidos en el último tiempo llaman todos en un caso especial, independientemente de si se liquidan gramaticalmente o por métodos para que el tiempo de ejecución se mueva a través de fragmentos físicamente aislados del código:

>>> intento:

... Intento:

... aumentar IndexError

... por fin:

... print('spam')

... por fin:

... impresión ('SPAM')

... Spam

Spam

Traceback (última llamada):

Grabar "<stdin>", línea 3, en <módulo>

IndexError

Para una delineación realista de la tarea de este código actual; el impacto es el equivalente, sin embargo, la lógica de la función ha estado alineada como declaraciones liquidadas aquí. Para un caso cada vez más valioso de asentamiento sintáctico en el trabajo, piense en el registro que lo acompaña, con la excepción de finally.py:

```
def raise1(): elevar IndexError

def noraise(): return

def raise2(): elevar SyntaxError

para func in (raise1, noraise, raise2):

print('<%s>' % func.__name__)

Intento:

Intento:

func()

aparte de IndexError:

print('caught IndexError')
```

por fin:

print('finally run') print('...')

Este código obtiene una exención si se genera uno y se reproduce una actividad en el último momento de terminación que presta poca atención a si se produce una exención. Esto puede tardar un par de minutos en procesarse, sin embargo, el impacto equivale a unirse a una instrucción aparte de y una declaración larga en una sola declaración de intento en Python 2.5 y versiones posteriores:

% de pitón aparte de finally.py

<raise1>

obtenido IndexError

a larga duración

... <noraise>

a larga duración

... <raise2>

a larga duración

Traceback (última llamada):

Haga lo que está después de la función con finally.py", pero en la línea 9, y con <module>

func()

Registre "utilizando esta excepción como finally.py", línea 3, en raise2

def raise2(): elevar SyntaxError

SyntaxError: Ninguno

Se ha establecido que las declaraciones pueden mezclarse en una explicación de intento similar con condicionales. Esto, junto con varios además del apoyo de la salvedad, hace que algunos de los asentamientos sintácticos retratados en esta área no tienen sentido, sin embargo, el tiempo de ejecución comparable que se establece es regular en los programas Python más grandes. Además, la liquidación sintáctica todavía funciona hoy en día, incluso ahora puede aparecer en código compuesto antes de Python 2.5 que usted puede experimentar, puede hacer que los trabajos desarticulados con la excepción de la última expresión progresivamente, y se puede utilizar como un procedimiento para la realización de la electtive caso especial que se ocupa de las prácticas en todos.

¿Qué tal si comenzamos con una auditoría: la ejecución de OOP por parte de Python se puede describir por tres pensamientos:

Legado

El legado depende de la consulta de rasgo en Python (en X.name instrucciones).

Polimorfismo

En X.method, la importancia de la estrategia se basa en la ordenación (clase) del elemento de asunto X.

Encarnación

Las estrategias y los administradores actualizan la conducta, sin embargo, la información que se esconde es un espectáculo, por supuesto.

En este punto, debería tener un ambiente decente para lo que el legado se trata en Python. También hemos discutido el polimorfismo de Python un par de veces a partir de ahora; se transmite de la ausencia de python de presentaciones de ordenación. Puesto que las propiedades se liquidan constantemente en tiempo de ejecución, los objetos que actualizan interfaces similares son naturalmente intercambiables; los clientes no tienen que comprender qué tipo de artículos están actualizando las estrategias que llaman. La ejemplificación implica la agrupación en Python, es decir, ocultar sutilezas de uso detrás de la interfaz de un artículo. No significa seguridad confirmada, sin embargo, que se puede ejecutar con código. La ejemplificación es accesible y útil en Python en cualquier caso: permite cambiar la ejecución de la interfaz de un artículo sin afectar a los clientes de ese objeto.

En conclusión, este capítulo ha explicado con éxito cómo y cuándo diseñar utilizando el lenguaje de programación Python. En el siguiente capítulo se analizarán las excepciones y sus herramientas en la programación de Python. El conocimiento de la excepción no es realmente necesario en esta etapa, por lo que pocos de ellos serán discutidos. Vayamos juntos al último capítulo; sólo puede ser mejor.

Capítulo 18

Las excepciones y herramientas de Python

A quí, vamos a pedir prestado un poco más profundo, esta sección da un prólogo progresivamente formal a la estructura del lenguaje de preparación de casos especiales en Python. En particular, investigaremos las sutilezas detrás del intento, levantaremos, declararemos y con declaraciones. Como veremos, a pesar del hecho de que estos anuncios son en su mayor parte directos, ofrecen activos increíbles para administrar excelentes condiciones en código Python.

Me concentraré en la condición de casos especiales en las descargas de Python 2.X y 3.X en curso en esta versión, pero como todavía está en todas partes susceptible de ver las primeras estrategias en el código por un buen momento por venir, en el camino voy a mencionar cómo las cosas se han desarrollado en este s.

El intento/con la excepción de/else Declaración

Ya que hemos visto las tuercas y los pernos, es la oportunidad ideal para las sutilezas. En el discurso que lo acompaña, primero presentaré attempt/with the exception of/else y attempt/at last as discrete statements, con el argumento de que en las adaptaciones de Python antes de 2.5 sirven trabajos inconfundibles y no se pueden consolidar, y siguen siendo los más probablemente inteligentemente particular hoy en día. Según la primera nota, en Python 2.5 y versiones posteriores, aparte de por último, se pueden mezclar en una instrucción de intento solitario; veremos las ramificaciones de esa convergente después de haber investigado las dos estructuras únicas en reclusión.

Gramáticamente, el intento es una explicación compuesta de varias partes. Comienza con una línea de encabezado de intento, arrastrada por un cuadrado de (en su mayor parte) declaraciones con sangría; en ese momento al menos uno aparte de las declaraciones que reconocen casos especiales que se deben conseguir y cuadrados para procesarlos; y una condición discrecional de else y cuadrado hacia el final. Las palabras se asocian, aparte de, y de lo contrario santificarlas a una dimensión similar (es decir, organizarlas verticalmente). Como referencia, aquí está la configuración general y más completa en Python 3.X:

Intento:

declaraciones: ejecute primero esta actividad de principio

con la excepción de name1:

explicaciones: Ejecutar si name1 se plantea en medio de la casilla de intento

pero (nombre2, nombre3):

declaración: Ejecutar si alguno de estos casos especiales ocurre con la excepción de name4 como var:

explicaciones: Ejecutar si se genera name4, asignar la ocurrencia elevada a var

Pero:

declaraciones: Ejecutar para todos los demás casos especiales planteados

Más:

explicaciones- Ejecutar si no se planteó ninguna exención en medio de la plaza del intento

Semánticamente, el cuadrado bajo el encabezado intentado en este anuncio habla de la actividad principal del anuncio: el código que está tratando de ejecutar y encerrar por error manejar la lógica. La excepción de las salves caracterizan a los controladores de las exenciones planteadas en medio del cuadrado de intento y la instrucción else (siempre codificada) proporciona un controlador que se ejecutará si no se producen casos especiales. La sección var aquí tiene que ver con un elemento de explicaciones de aumento y clases de casos especiales.

Cómo intentar que las declaraciones funcionen

Operativamente, esta es la forma en que se ejecutan las instrucciones de intento. En el momento en que se introduce una instrucción attempt, Python denota la configuración actual del programa para que pueda volver a ella si ocurre un caso especial.

Los anuncios liquidados en el encabezado intentado se ejecutan primero. Lo que ocurre a continuación se basa en si se generan casos especiales mientras se ejecutan los anuncios de la plaza de intentos, y si coordinan los que el intento está buscando:

- Si se produce una exención mientras se ejecutan los anuncios de la casilla de intento, y el caso especial coincide con uno que el anuncio nombra, Python rebota en el intento y ejecuta los anuncios bajo el primero con la excepción de que la condición de que coordina el caso especial planteado, a raíz de la reelión del artículo de exención elevado a la variable que lleva el nombre de la palabra clave as en la instrucción (si está presente). Después de la excepción de las corridas cuadradas, el control en ese punto continúa debajo de toda la declaración de intento (excepto si el aparte de cuadrado en sí plantea otro caso especial, donde el caso el procedimiento se inicia una vez más a partir de aquí en el código).

- Si se produce una exención mientras se ejecutan los anuncios de la plaza de intento, sin embargo, el caso especial no coordina uno que los nombres del anuncio, la exención se genera hasta la siguiente declaración de intento introducida en el momento tardío que coordina la caso especial; si no se puede encontrar tal declaración de intento de coordinación y la investigación alcanza la dimensión superior del procedimiento, Python asesina el programa e imprime un mensaje de error predeterminado.

- Si un caso especial no ocurre mientras se ejecutan los anuncios del cuadrado de intento, Python ejecuta los anuncios bajo la línea else (si está presente), y el control en ese momento continúa debajo de toda la declaración de intento.

Al final del día, con la excepción de las instrucciones, obtendrá cualquier caso especial de coordinación que se produzca mientras se ejecuta el cuadrado de intento y la disposición else se ejecuta solo si no se producen casos especiales mientras se ejecuta el cuadrado de intento. Los casos especiales planteados se coordinan a las exenciones nombradas aparte de las salvedades por conexiones de superclase que investigaremos en la siguiente sección, y el vacío con la excepción de la salvedad (sin nombre de caso especial) coordina toda (o cualquier otra) exención.

Con la excepción de las instrucciones, se incluyen controladores de casos especiales: obtienen exenciones que se producen justo dentro de los anuncios en el cuadrado de intento relacionado. Sea como fuere, como las instrucciones del cuadrado de intento pueden llamar a funciones codificadas en otro lugar de un programa, el manantial de un caso especial podría estar fuera de la propia declaración de intento. La verdad sea dicha, un intento de cuadrado puede invocar discrecionalmente una gran cantidad de código del programa, incluyendo código que puede haber intentado la declaración propia, que se verá primero cuando ocurran casos especiales. Es decir, las declaraciones de intento pueden liquidarse en tiempo de ejecución.

Cláusulas de Declaración de Intento

Al redactar una declaración de intento, puede aparecer una variedad de provisiones después de la cabecera del intento. Debe enumerar si uno de los esquemas para todas las estructuras potenciales. A partir de ahora hemos conocido una parte de estos: como usted probablemente sabe, aparte de las declaraciones obtener casos especiales, por fin las provisiones se ejecutan en tránsito, y de lo contrario las disposiciones se ejecutan si no se experimenta ningún caso especial.

Formalmente, puede haber cualquier número de condiciones aparte de las condiciones, sin embargo, puede codificar de otra manera sólo si hay, si uno aparte de, y puede haber uno y solo uno y otro y uno por fin. A través de Python 2.4, la disposición finalmente debe parecer sola (sin otra o aparte de); el intento / por fin es extremadamente una explicación alternativa. A partir de Python 2.5, no obstante, un, por fin, puede aparecer en una declaración similar como con la excepción de y más (más sobre las reglas solicitantes más adelante en esta parte cuando nos encontramos con la explicación de intento reunida).

Estructura de condición Interpretación pero: Capturar todos (o todos los demás) tipos de casos especiales.

pero nombre: Atrapa un caso particularmente especial por así decirlo.

pero nombre como estima: Capturar el caso especial registrado y dole fuera su caso.

pero (nombre1, nombre2): Capturar cualquiera de las exenciones registradas.

pero (nombre1, nombre2) como estima: Capturar cualquier caso especial registrado y nombrar su ocurrencia.

otra cosa: Ejecutar si no se presentan exenciones en el cuadrado de intento.

por fin: Siempre jugar este cuadrado en exit.

Investigaremos los pasajes con la parte adicional como estima con más detalle cuando conozcamos la declaración de aumento más adelante en esta parte. Dan acceso a los elementos que se plantean como casos especiales.

Obtener todas las exenciones

El primer y cuarto pasajes son nuevos aquí:

- con excepción de las disposiciones que no se agotan ningún nombre de caso especial (aparte de:) obtener todas las exenciones no registradas previamente en la declaración de intento.

- con la excepción de las disposiciones que agotan una gran cantidad de casos especiales entre corchetes (aparte de (e1, e2, e3):) obtener cualquiera de los casos especiales registrados.

Dado que Python busca una coincidencia dentro de un intento dado investigando la excepción de las instrucciones comienzan a terminar, el formulario entre paréntesis tiene un impacto similar al publicar cada caso especial en su propio con la excepción de condición, sin embargo, necesita para codificar el cuerpo del anuncio relacionado con cada uno una sola vez. Este es un caso de numerosos con la excepción de instrucciones en el trabajo, que muestra exactamente lo explícitos que pueden ser sus controladores:

Intento:

actividad()

con la excepción de NameError:

... con la excepción de IndexError:

... aparte de KeyError:

... pero (AttributeError, TypeError, SyntaxError):

... Más:

...

En este modelo, si se genera un caso especial mientras se ejecuta la llamada al trabajo de actividad, Python vuelve al intento y busca el primero aparte de que los nombres del caso especial planteado. Investiga el aparte de las condiciones de inicio a fin y de izquierda a derecha, y ejecuta los anuncios bajo el primero que coincide. Si ninguno coincide, el caso especial prolifera más allá de este intento. Tenga en cuenta que el else se ejecuta justo cuando no ocurre ningún caso especial en la vida real, no se ejecuta cuando se genera una exención sin una coordinación aparte de.

Conseguir todo: El vacío aparte de una excepción

Si realmente necesita una declaración general de "catchall", evite aparte de las obras:

Intento:

actividad()

aparte de NameError:

... • Manejar NombreError

aparte de IndexError:

... • Manejar IndexError

Pero:

... • Maneje todos y cada uno de los otros casos especiales

Más:

... • Manejar el caso no especial

El vacío con la excepción de la condición es una especie de caso especial incluyen: en la luz del hecho de que descubre todo, permite que los controladores sean tan generales o explícitos como desee. En determinadas situaciones, esta estructura podría ser más útil que registrar cada exención imaginable en un intento. Por ejemplo, el acompañamiento descubre todo sin publicar nada:

Intento:

actividad()

Pero:

... • Atrapa todas las exenciones imaginables

Sin embargo, las excepciones del vacío también plantean algunas cuestiones de estructura. Aunque útiles, pueden obtener casos especiales de marco sorprendentes irrelevantes para el código, y pueden capturar coincidentemente casos especiales implícitos para otro controlador. Por ejemplo, incluso las llamadas de salida del marco de trabajo y las mezclas de teclas Ctrl-C en casos especiales de Python desencadenan casos especiales, y normalmente se necesitan para pasar. Mucho más detestable, el vacío con la excepción de también puede obtener botches de programación auténticos para los que lo más probable es que necesite ver un mensaje de error. Volveremos a esto como un gotcha hacia el final de esta pieza del libro. Hasta nuevo aviso, simplemente diré, "usar con consideración". Python 3.X refuerza aún más firmemente una electiva que aborda uno de estos problemas: obtener una exención denominada Excepción tiene casi un impacto similar como nulo, pero, sin embargo, no tiene en cuenta los casos especiales identificados con las salidas del marco:

Intento:

actividad()

pero Excepción:

... • Atrapa cada caso especial imaginable, aparte de las salidas

Investigaremos cómo funciona esta estructura su vudú formalmente en la siguiente parte cuando reflexionamos sobre clases de casos especiales. Para decirlo claramente, funciona ya que las exenciones coordinan si las exenciones son una subclase de uno nombrado en a con la excepción de la salvedad, y Excepción es una superclase del considerable número de casos especiales que debería en su mayor parte se lleva a lo largo de estas líneas. Esta estructura tiene una mayor parte del equivalente.

En conclusión, este capítulo ha hecho todo lo posible para presentarle excepciones y sus herramientas en la programación de Python. Voy a decir que el tratamiento dado aquí es más de un nivel de principiante que el nivel del experto; todas las excepciones seguramente requerirán experiencia.

Conclusión

Programador Bravo, usted ha sido tomado a través de todo lo que Python requiere como un principiante. Estoy bastante seguro de que su futuro como programador es brillante. Si tiene más preguntas o dudas, por favor repase los pasos dados de nuevo; aunque no se espera tener dudas. Comparte este libro con amigos y familiares; decirles lo útil que es para usted. Haz que hagan clic en "añadir al carrito" y disfrutar de la vida digital. ¡Mantente bendecido!

www.ingramcontent.com/pod-product-compliance
Lightning Source LLC
LaVergne TN
LVHW051230050326
832903LV00028B/2336